Ferdinand Falkenberg
Sonja Eberle

Bullet Journal für Lehrerinnen und Lehrer

Kreativ und individuell organisiert durch den Schulalltag. Ein Leitfaden

Auer

Wir haben uns für die Schreibweise mit dem Sternchen entschieden, damit sich Frauen, Männer und alle Menschen, die sich anders bezeichnen, gleichermaßen angesprochen fühlen. Aus Gründen der besseren Lesbarkeit für die Schüler*innen verwenden wir in den Kopiervorlagen das generische Maskulinum.
Bitte beachten Sie jedoch, dass wir in Fremdtexten anderer Rechtegeber*innen die Schreibweise der Originaltexte belassen mussten.

1. Auflage 2020
© 2020 Auer Verlag, Augsburg
AAP Lehrerwelt GmbH
Alle Rechte vorbehalten.

Covergestaltung: annette forsch konzeption und design, Berlin
Umschlagfoto: Shutterstock: Paper Planes Background von boundward
Illustrationen: Sonja Eberle
Satz: fotosatz griesheim GmbH
Druck und Bindung: Korrekt Nyomdaipari Kft, Budapest

ISBN 978-3-403-**08344**-3

www.auer-verlag.de

Wir Lehrkräfte üben einen Beruf aus, der sich selbst organisiert. Wir haben keine Verwaltungskraft, die das „Backoffice" für uns übernimmt. Die Aufgaben werden immer vielfältiger, die Zeit und unsere Kraft werden aber nicht mehr. Wir sind in unserer Arbeitsplanung v.a. am Nachmittag sehr frei. Wie du diese Zeit effektiver gestalten kannst, lernst du mit dem Bullet Journal.

Achtsamkeit – manchmal auch ein missverständlich gebrauchter Begriff – ist zurzeit in aller Munde. Dabei bedeutet es ja eigentlich nichts anderes, als achtsam durchs Leben zu gehen und die Umwelt genauso bewusst wahrzunehmen wie die eigenen Gedanken. In dem Stress und Trubel, der uns Lehrkräfte umgibt, verpassen und vergessen wir es einfach, uns selbst wahrzunehmen. Zwar leiten wir unsere Schüler*innen pausenlos an, sich mit sich selbst auseinanderzusetzen – manch böse Zunge spricht schon von einer durchreflektierten Generation – aber was machen denn wir Lehrkräfte? Genau, wir halten uns selbst nicht daran!

Das Bullet Journal soll dir dabei helfen, dich selbst aktiver wahrzunehmen und zu reflektieren. Mit diesem Buch kann es möglich sein, den tollsten Job der Welt noch schöner zu machen. Oder um es ganz einfach mit den Worten von Ryder Carroll, dem amerikanischen Erfinder des Bullet Journals, zu sagen: „Verstehe deine Vergangenheit, ordne deine Gegenwart, gestalte deine Zukunft!"

Und noch etwas: Der Ton ist bewusst etwas lockerer gehalten, schließlich soll dich das Lesen nicht auch noch stressen. Außerdem nehmen wir uns mal ganz frech heraus, dich zu duzen, wie es ja in den meisten Lehrer*innenzimmern üblich ist.

F. Falkenberg, S. Eberle: Bullet Journal für Lehrerinnen und Lehrer
© Auer Verlag

Ferdinand Falkenberg
Sonja Eberle

Und das steckt dahinter – ein bisschen Theorie

„Planung ist das halbe Leben", diesen Satz haben wir alle schon ein paar Mal gehört, eventuell auch deine Klasse. Zeit- und Selbstmanagement bedeutet eine solche Planung in der Hochform. Warum wir ungern planen? Weil wir das Ergebnis nicht sofort sehen können. Deutlich wird das durch das folgende Experiment, das mit Kindern durchgeführt wurde:

Die berühmte Keks-Frage

Verschiedenen Kindern wurden die folgenden zwei Wahlmöglichkeiten aufgezeigt: „Du kannst jetzt einen Keks haben oder fünf Kekse in einer halben Stunde." Die meisten Kinder entscheiden sich ganz klar für den einen Keks, den sie sofort bekommen. Nur sehr wenige Kinder lassen sich auf den Belohnungsaufschub ein.

Wir Erwachsenen können das ein bisschen besser, ganz verschwindet dieses Phänomen aber nie. Wer kümmert sich schon gerne beispielsweise um die private Altersvorsorge? Klar, das erscheint unattraktiv, weil sie erst viel später Nutzen abwirft. Oder ein Sprachkurs an der VHS, ein paar Mal gehen wir hin, aber durchhalten oder sogar den zweiten Kurs besuchen? Du kennst viele weitere Beispiele, sei es z. B. der Versuch abzunehmen oder aber auch in der Schule nicht immer nur den nächsten Tag vorzubereiten. Doch woran liegt das?

Ganz einfach: Der kurzfristige Erfolg ist nicht sichtbar! Es ist ja nicht so, dass wir nicht abnehmen oder eine Sprache lernen wollen. Aber im Alltag kommen uns andere Sachen dazwischen, die vermeintlich wichtiger erscheinen, weil sie kurzfristig attraktiver sind. Und so kommen wir von guten Vorsätzen und Plänen wieder ab.

Das Tolle am Bullet Journal hingegen ist, dass du gleich am Anfang einen Erfolg siehst. Um den langfristigen Nutzen zu erkennen, benötigst du aber auch hier etwas Disziplin. Deshalb wollen wir dir mit diesem Band eine Hilfestellung geben.

Haben wir dich neugierig gemacht? Dann mal los!

In unserem durchdigitalisierten Umfeld gibt es für alles eine App, sogar eine App, um Apps zu vermeiden. Smartphones sind ohne Frage das Tor zur großen weiten Welt. In dieser erklärten, aber unübersichtlichen Welt besteht jedoch die große Gefahr, sich zu verlieren. Das Surfen im Internet ähnelt ja ungemein dem Zappen am Fernseher.

Um uns trotzdem irgendwie zurechtzufinden, legen wir Listen an, machen Notizen, mal analog, mal digital, aber organisiert sind diese überhaupt nicht. Finden können wir sowieso nie, was wir genau suchen. Wir wissen nur, dass wir es mal irgendwo aufgeschrieben haben. Der Erfolg des Bullet Journals, kurz BuJo, liegt darin, dass du mit dem Führen eines solchen bewusst eigene Entscheidungen triffst und deine Gedanken und Aufgaben sortierst. Durch das bewusste analoge Reflektieren findest du den Sinn der Sache. Schon allein das Zeichnen und Gestalten entführt dich aus der hektischen Welt und lässt dich achtsam mit dir und deinen Gefühlen umgehen. Du benötigst dafür auch nicht viel Zeit, nur zehn Minuten am Tag reichen komplett aus. Dies sind zehn Minuten täglich, die du dir selbst schenkst. Kurzfristig entspannst du dich beim Zeichnen, langfristig bist du reflektiert und organisiert. Außerdem haben Untersuchungen ergeben, dass du dir durch diese zehn Minuten des Planens und Reflektierens eine Stunde pro Tag freischaufelst!

Tee oder Kaffee? – Das ist die Frage!

Das Abarbeiten von Bullets ist ein ganz entscheidender Effekt. Mithilfe von Bullets kategorisierst du deine Aufgaben und Wünsche. Wichtig ist, dass die Bullets immer gleich bleiben. Du findest in diesem Band Bullets, die allgemein gebräuchlich sind. Hinter dem Abarbeiten von Bullets steht der Zeigarnik-Effekt. Anfang 1927 soll die russische Psychologin Bljuma Zeigarnik in einem Café – übrigens auch ein feiner Ort zum BuJo-Schreiben – beobachtet haben, wie Kellner sich problemlos an eine große Zahl von Bestellungen erinnern konnten. Doch nachdem sie alle abgearbeitet hatten, konnten sie nicht einmal sagen, ob sie einer Person einen Kaffee oder einen Tee serviert hatten. In psychologischen Tests bestätigte Zeigarnik später, dass unvollendete Aufgaben im Gedächtnis besser behalten werden als vollendete, und zwar durchschnittlich nahezu doppelt so gut.

Der Effekt tritt auch ein, wenn noch gar nicht mit der Tätigkeit begonnen wurde – die Absicht, die Handlung irgendwann in der Zukunft vorzunehmen, reicht bereits aus. Das bedeutet, wenn du einen Bullet abgehackt hast, schwirrt er nicht mehr in deinem Kopf herum und hält dich am Wochenende oder in der Nacht nicht vom Entspannen ab.

Aber Achtung: Wenn du zu viele Bullets aufschreibst, die du gar nicht zügig genug abarbeiten kannst, kommt die „böse" Seite des Zeigarnik-Effekts zum Vorschein, dein Gehirn wird vor lauter Aufgaben nur so schwirren!

Ein weiterer positiver Effekt des Bullet Journals ist die Verschriftlichung. Unser Kurzzeitgedächtnis verfügt über sieben Speicherspuren – das bedeutet, du kannst dir nur sieben Aufgaben parallel merken. Doch was geschieht, wenn eine achte dazukommt? – Es wird Platz gemacht! Dieser gelöschte Punkt ist dann die Aufgabe, die du vergessen hast. Wenn du es aufschreibst, geht nichts verloren. Außerdem fördert es deine Selbstmotivation und du erwirkst eine gewisse Verbindlichkeit dir selbst gegenüber.

F. Falkenberg, S. Eberle: Bullet Journal für Lehrerinnen und Lehrer
© Auer Verlag

Das Verschriftlichen deiner Gedanken hilft dir auch, besser zu kommunizieren. Durch das konkrete Formulieren werden Luftschlösser konkret und Gedanken greifbar. Das berühmte „Es liegt mir auf der Zunge" wird dir nicht mehr passieren.

Auch beim Verarbeiten von Ereignissen kann das Schreiben des Bullet Journals dich unterstützen: Wenn du dir etwas von der Seele schreibst, hat das einen ähnlichen Effekt, wie wenn du mit einem anderen Menschen darüber sprichst. Zumal das Bullet Journal meist greifbarer ist als die bestimmte Person.

F. Falkenberg, S. Eberle: Bullet Journal für Lehrerinnen und Lehrer
© Auer Verlag

So bleibst du dran!

Du findest das Bullet Journal toll? – Wir auch! Aber es ist gar nicht so einfach dranzubleiben, vor allem nach den ersten Tagen und Wochen. Mit folgenden Tipps gelingt es dir dennoch:

1. Suche dir einen Buddy.

Fange gemeinsam mit einem* einer Freund*in oder Kollegen*Kollegin an, das BuJo zu führen, dann könnt ihr euch gegenseitig erinnern, neue Ideen, Vorlagen und Erfahrungen austauschen oder euch gegenseitig neue Stifte schicken. Das ist ähnlich wie beim Sporttreiben: Allein wirst du vermutlich früher aufhören. Ganz „Wilde" zeigen die Methode ihren Schülerinnen und Schülern. Dann werden sie ganz automatisch daran erinnert.

2. Reserviere dir ein BuJo-Zeitfenster.

Routine zu bekommen, ist gar nicht so einfach. Um neue Verhaltensweisen einzutrainieren, sind durchschnittlich 30 Tage nötig. Unser Tipp: Reserviere dir täglich ein Zeitfenster, in dem du dich bewusst nur mit deinem Bullet Journal beschäftigst. Erfahrungsgemäß bieten sich zehn bis 15 Minuten abends oder morgens an. Am Wochenende oder freitags solltest du dir für die Wochenplanung etwas mehr Zeit einplanen.

3. Probier dich aus, aber nicht alles auf einmal!

In diesem Band findest du schon viele Ideen, im Internet aber natürlich noch viel mehr! Beschränke dich auf ein paar Gestaltungsformen und Layouts. Gestalte außerdem nicht zu viele Seiten im Voraus. Vielleicht entdeckst du ja in zwei Monaten ein neues, spannenderes Layout.

4. Das BuJo ist ein Mittel zum Zweck!

Zeichnen macht Spaß, das ist klar. Aber irgendwann wird es langweilig. Deswegen solltest du immer den Nutzen des BuJos im Blick behalten. Nur wenn es Mittel zum Zweck ist, wirst du es auch länger nutzen.

5. Mach dich locker!

Es gibt keine BuJo-Polizei, die dich kontrolliert. Mach es so, wie es für dich passt. Ob Inhalt oder Design – alles ist deine freie Entscheidung. Es muss nicht perfekt sein. Dein Geschmack ändert sich? Wunderbar, denn es ist dein Leben und dein BuJo!

6. Aller Anfang ist schwer!

Am Anfang wird das Bullet Journal etwas mehr Arbeit bedeuten, sieh es als Investition an. Die Zinsen bekommst du zurück, nachdem du diese Methode beherrschst. Oder anders ausgedrückt: Bei einer Weltraummission wird ca. 90 % des Treibstoffes für den Start und die

F. Falkenberg, S. Eberle: Bullet Journal für Lehrerinnen und Lehrer
© Auer Verlag

Flugstrecke in den Weltraum verbraucht, der Rest reicht für die wesentlich längere Strecke zur Weltraumstation und wieder zurück. Also starten wir gemeinsam die BuJo-Rakete!

- -

Darum ist das Bullet Journal <u>nichts</u> für dich ...

Falls alle folgenden Aussagen auf dich zutreffen, empfehlen wir, dieses Buch an eine*n liebe*n Kollegin*Kollegen zu verschenken:

- ✔ Du liebst das Chaos und hast kein Problem damit, darin zu versinken.
- ✔ Kalender und Tagebücher sind etwas für spießige Warmduscher.
- ✔ Du liebst es, Tausende von Apps parallel zu bedienen.
- ✔ Post-it-Chaos auf deinem Schreibtisch ist für dich normal.
- ✔ Zeichnen und Gestalten sind nur etwas für den Computer.
- ✔ Alle Aufgaben an einem Platz zu haben, ist ja langweilig.
- ✔ Auszeiten aus dem Alltag für mich – um Himmels Willen, wer braucht denn so was?

- -

Wenn dich nun jemand fragt, was ein Bullet Journal ist, kannst du ganz lapidar antworten: „Eine Mischung aus Selfmade-Tagebuch, Kalender, To-do- und Wunsch-Liste."

F. Falkenberg, S. Eberle: Bullet Journal für Lehrerinnen und Lehrer
© Auer Verlag

Schreibtipps – So schreibst du dein Bullet Journal

Bevor wir zu der grafischen Gestaltung des Bullet Journals kommen, folgen zuerst noch zwei schriftstellerische Tipps:

1. Die Siebe der Weisen

Eines Tages kam ein Schüler im antiken Athen zum griechischen Philosophen Sokrates gelaufen: „Höre, Sokrates, ich muss dir berichten, wie dein Freund ..." – „Halt!", unterbrach ihn Sokrates. „Hast du das, was du mir nun sagen willst, durch drei Siebe gesiebt?" – „Drei Siebe?!", fragte der Schüler verwundert. – „Ja! Drei Siebe!", antwortete Sokrates.

Ist es wahr?

„Das erste ist das Sieb der Wahrheit. Hast du das, was du mir berichten willst, geprüft, ob es auch wahr ist?" – „Nein, ich hörte es erzählen, und ..."

Ist es gut?

„Nun, so hast du sicher mit dem zweiten Sieb, dem Sieb der Güte, geprüft. Ist das, was du mir erzählen willst – wenn es schon nicht wahr ist – wenigstens gut?" Der andere zögerte: „Nein, das ist es eigentlich nicht. Im Gegenteil ..."

Ist es nützlich?

„Nun", unterbrach ihn Sokrates, „so wollen wir noch das dritte Sieb nehmen und uns fragen, ob es notwendig ist, mir das zu erzählen, was dich so zu erregen scheint." – „Notwendig gerade nicht." – „Also", lächelte der Weise, „wenn das, was du mir eben sagen wolltest, weder wahr noch gut noch notwendig ist, so lass es begraben sein und belaste weder dich noch mich damit."

Fazit: Siebe immer mal wieder beim Schreiben des Bullet Journals deine Einträge!

2. Positiv schreiben

Positiv denken kann man trainieren. Das Bullet Journal ist dafür eine wunderbare Möglichkeit. Formuliere deshalb immer für und nicht gegen etwas. Suche auch nicht nach Gründen gegen, sondern stets für etwas. Wenn eine Veränderung ansteht, gehst du nicht von etwas weg, sondern zu etwas hin.

F. Falkenberg, S. Eberle: Bullet Journal für Lehrerinnen und Lehrer
© Auer Verlag

Du bist immer noch am Lesen unseres Buches und das ist spitze, denn jetzt geht es erst richtig los. Was du dazu brauchst? Ganz einfach!
Du benötigst:

- ein Notizbuch
- einen Stift
- ein Lineal

Natürlich gibt es hochwertige und teure Materialien, die jedoch nicht unbedingt notwendig sind.

Notizbücher

Bei der Entscheidung für ein Notizbuch ist die Lineatur der einzelnen Seiten entscheidend. Es gibt hierbei verschiedene Varianten. Die Seiten können liniert, kariert, blanko oder gepunktet (Dot Grid) sein. Die Blanko-Seiten haben den Vorteil, dass man in der Gestaltung völlig frei ist, jedoch hat sich herausgestellt, dass sich die Dots am besten eignen. Denn damit ist es einfacher für dich, gerade zu schreiben und gleichmäßige Abstände einzuhalten. So bekommt deine gestaltete Seite optisch ein schöneres Ergebnis. Karos haben zwar die gleiche Eigenschaft wie die Punkte, allerdings treten die Punkte in den Hintergrund und fügen sich schöner in das Gesamtbild ein.
Die Beschaffenheit des Papiers ist ebenfalls sehr unterschiedlich. Es gibt Papiere, die eine glatte oder raue Oberfläche haben und dicker oder dünner sind. Auf einem feineren Papier lässt es sich leichter schreiben und zeichnen, aber wer mit Aquarell arbeiten möchte, benötigt ein saugfähiges Papier. Das Papier sollte auf jeden Fall nicht zu dünn sein, da die Farben sonst auf der Rückseite auch noch zu sehen sind. Hier gibt es viele Möglichkeiten. Idealerweise probiert man selbst aus, welche Stifte und welche Art von Papier zusammenpassen. Empfehlenswert ist es, Stifte verschiedener Art desselben Herstellers zu wählen, da diese am besten miteinander harmonieren und nicht verwischen.
Ein Buch oder Heft sollte es sein, über die Dicke und die Größe entscheidest du selbst, je nach Einsatz und Verwendung. Das Buch kann gebunden, getackert oder auch ein Ringbuch sein. Ein Hardcover schützt es zwar besser, ist aber deutlich schwerer als ein Softcover. Dafür kann bei Letzterem wiederum leichter ein Eselsohr entstehen. Wenn mal eine Seite herausgetrennt werden muss oder du ein Buch möchtest, welches ganz aufgeklappt werden kann, wäre ein Ringbuch ideal. Du merkst schon, es gibt viele Möglichkeiten – finde einfach das für dich persönlich passende Buch.
Eine beliebte Größe ist das A5-Format. Je nach Einsatz und Notizmenge eignet sich aber auch das A6-Format. Ergänzend hast du die Möglichkeit, mehrere dünne Hefte in einen Umschlag (TN – Traveler's Notebook) zu stecken, der mit Gummibändern versehen ist. So kannst du für jedes Thema (z. B. Privat, Schule, Projekt, Fortbildung …) ein eigenes Heft verwenden.
Ein Gummiband an deinem Bullet Journal hält dein Buch besser zusammen, vor allem wenn du gerne Zeitungsausschnitte, Zettel oder Bilder in dein Buch kleben möchtest. Außerdem ist eine Stiftschlaufe sehr von Vorteil, weil du deinen Lieblingsstift auf diese Weise immer

F. Falkenberg, S. Eberle: Bullet Journal für Lehrerinnen und Lehrer
© Auer Verlag

bei dir hast, wenn du ihn brauchst. Eine Einstecktasche ist vor allem dann praktisch, wenn du Belege oder Tickets kurz parken möchtest. Du kannst dir so eine Tasche sehr einfach selbst gestalten. Um dein Bullet Journal vor Gebrauchsspuren zu schützen, kannst du es ganz einfach in eine Schutzhülle packen oder eine kleine Stofftasche verwenden. Wenn du ein kreativer Mensch bist, dann gestaltest du dir eine schöne Hülle einfach selbst.

Hier noch ein paar Notizbücher als Vorschlag.
- Leuchtturm 1917®
- Wirebooks 5008®
- Nuuna by Brandbook®
- purepaper®
- Notizbücher aus dem Lehrerladen

Stifte und Helferlein

Fineliner und Filzstifte

Du kennst sicher bereits die unendliche Auswahl an Stiften. Nun stellt sich die Frage, welcher Stift sich am besten eignet. Auch hier gilt wieder: Teste selbst, welcher Stift sich für dich gut anfühlt und der richtige ist. Es kommt bei der Auswahl natürlich immer darauf an, wie du dein Buch gestalten möchtest.

Zum Schreiben eignen sich v. a. Fineliner (0,1 mm bis 0,5 mm). Fineliner mit guter Qualität liegen angenehm in der Hand und lassen sich gut schreiben. Der Stift sollte tintenbasiert sein, damit vermeidest du ein Verwischen oder Verblassen. Fineliner gibt es in verschiedenen Farben und sie sind besonders für Details und feine Schriften ideal. Filzstifte hingegen haben alle eine feste Spitze und eignen sich perfekt zum Schreiben und Malen.

Brushpens

Brushpens besitzen eine Pinselspitze und werden hauptsächlich für Schönschrift oder Handlettering eingesetzt. In deinem Bullet Journal kommen diese Spitze eher bei der Gestaltung zum Einsatz. Denn zum Schreiben eigenen sich Stifte mit einer härteren und kleineren Spitze (z. B. Calli.Brush® von ONLINE) besser, zum Markieren größerer Flächen verwendet man hingegen größere und weichere Spitzen (z. B. FineOne® von Neuland). Außerdem gibt es einen sehr vielseitig einsetzbaren Stift von Tombow (Fudenosuke Brush Pen®). Dieser hat zwei dünne, weiche Spitzen, jeweils in Schwarz und Grau, in einem Stift vereint. Die graue Seite lässt sich beispielsweise zum Zeichnen von Schatten verwenden, das gibt den einzelnen Formen einen räumlichen Effekt.

F. Falkenberg, S. Eberle: Bullet Journal für Lehrerinnen und Lehrer
© Auer Verlag

Textmarker

Textmarker sind dir mit Sicherheit sehr geläufig. Sie gibt es mittlerweile nicht nur in Neon-, sondern auch in Pastellfarben. Diese Farben sehen in deinem Bullet Journal schöner aus als die Klassiker. Du kannst mit einem Textmarker aufgrund der Keilspitze – auch je nach Stifthaltung – in drei verschiedenen Strichstärken zeichnen.

Buntstifte

Buntstifte haben den großen Vorteil, dass sie nicht auf ein anderes Blatt durchfärben. Du kannst großflächigere Hintergründe oder farbige Zeichnungen erstellen. Es gibt sehr schöne Holzfarben mit vielen Farbpigmenten, die sich sehr leicht malen lassen. So macht es deutlich mehr Freude damit zu arbeiten (z. B. Faber-Castell, Lamy, Stabilo ...).

Pastellkreide oder -stifte

Mit diesen Kreiden oder Stiften kannst du sehr gut flächige Hintergründe gestalten. Nachteil: Sie färben häufig auf die andere Seite ab.

Aufgrund ihrer unbedenklichen Tinte, Farbe und Beschaffenheit sind die Stifte von Neuland empfehlenswert. Es ist sinnvoll, Stifte derselben Marke zu verwenden, da diese am besten zusammenpassen. Du kannst erst mal mit jedem Stift, den du zu Hause hast, anfangen und dann selbst ausprobieren, bis du für dich den passenden gefunden hast.

Helferlein

Eine große Hilfe für dein Bullet Journal ist ein Lineal. Es gibt auch kleine Lineale zum Ausklappen. Somit kannst du auch mal eine Linie über zwei Seiten ziehen. Es sollte so beschaffen sein, dass es keine Linien verwischt. Außerdem sind verschiedene Clips oder farbige Streifen hilfreich, um wichtige Seiten zu markieren. Mit Kleber oder Klebestift kannst du Dinge aufkleben und das Bullet Journal optisch noch besser machen. Du kannst auch Klebestreifen mit verschiedenen Mustern zur Gestaltung verwenden. Den Möglichkeiten sind keine Grenzen gesetzt.

Index

Wie du dein Bullet Journal aufbauen möchtest, bleibt dir natürlich selbst überlassen. Am besten probierst du einige Sachen aus und entscheidest dann, welche für dich am besten passen. Am Anfang kannst du mit einem Inhaltsverzeichnis beginnen, damit du die einzelnen Inhalte auch schnell wiederfindest, dazu wären Seitenzahlen auf jeder Seite sehr hilfreich. Du entscheidest, wie umfangreich das Inhaltsverzeichnis werden soll und wie viel du dort einträgst. Es gibt auch Notizbücher mit einer Seitennummerierung. Die Gliederung des Inhaltsverzeichnisses gelingt mit diesen Elementen.

• Punkt

▢ Viereck

— Linie

◯ Auge

△ Dreieck

∼ Welle

◯ Kreis

◎ Spirale

Kalendarium

Weiter geht es mit dem Kalendarium. Ryder Carroll, der Erfinder des Bullet Journals, empfiehlt hier zum optimalen Planen verschiedene Kalendarien: eine komplette Jahresübersicht, in der Urlaub, Ferien und Besonderheiten eingetragen werden können; weiter geht es mit Monatsübersichten und Wochenübersichten. Auf den folgenden Seiten siehst du einige Beispiele dazu. Überlege dir, was zu dir passt, probiere es aus und verändere es so, wie es für dich optimal ist.

Future Log — Jahresplan

JANUAR

FEBRUAR — MONATE eintragen!

MÄRZ

APRIL

MAI — Termine & Events eintragen!

JUNI

F. Falkenberg, S. Eberle: Bullet Journal für Lehrerinnen und Lehrer
© Auer Verlag

FUTURE LOG – *Vertikal*

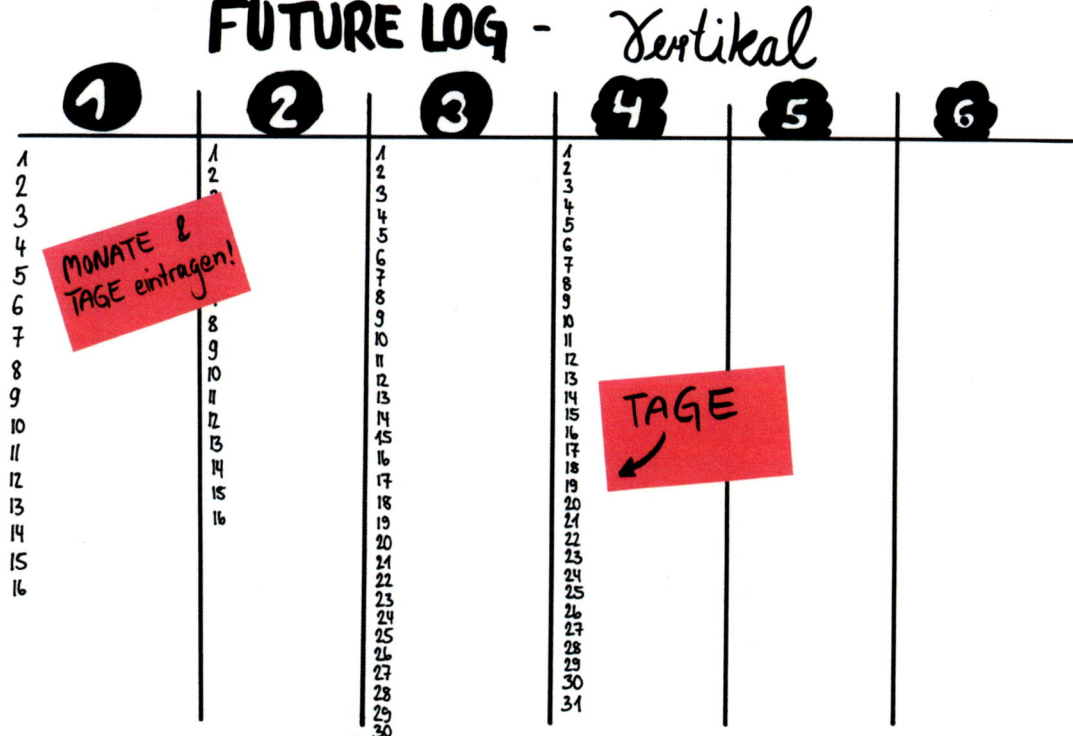

1 — 1 2 3 4 5 6 7 8 9 10 11 12 13 14 15 16

MONATE & TAGE eintragen!

2 — 1 2 3 4 5 6 7 8 9 10 11 12 13 14 15 16

3 — 1 2 3 4 5 6 7 8 9 10 11 12 13 14 15 16 17 18 19 20 21 22 23 24 25 26 27 28 29 30 31

4 — 1 2 3 4 5 6 7 8 9 10 11 12 13 14 15 16 17 18 19 20 21 22 23 24 25 26 27 28 29 30 31

TAGE

5

6

FEBRUAR

MO	DI	MI	DO	FR	SA	SO
				1	2	3
4	5	6	7	8	9	10
11	12	13	14	15	16	17
18	19	20	21	22	23	24
25	26	27	28			

NOTIZEN

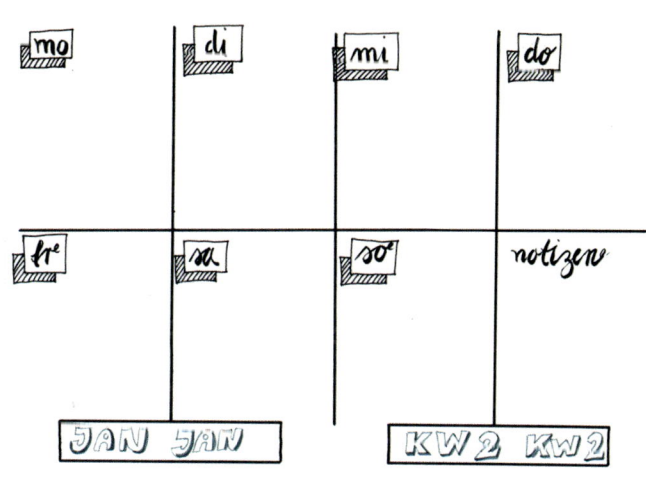

F. Falkenberg, S. Eberle: Bullet Journal für Lehrerinnen und Lehrer
© Auer Verlag

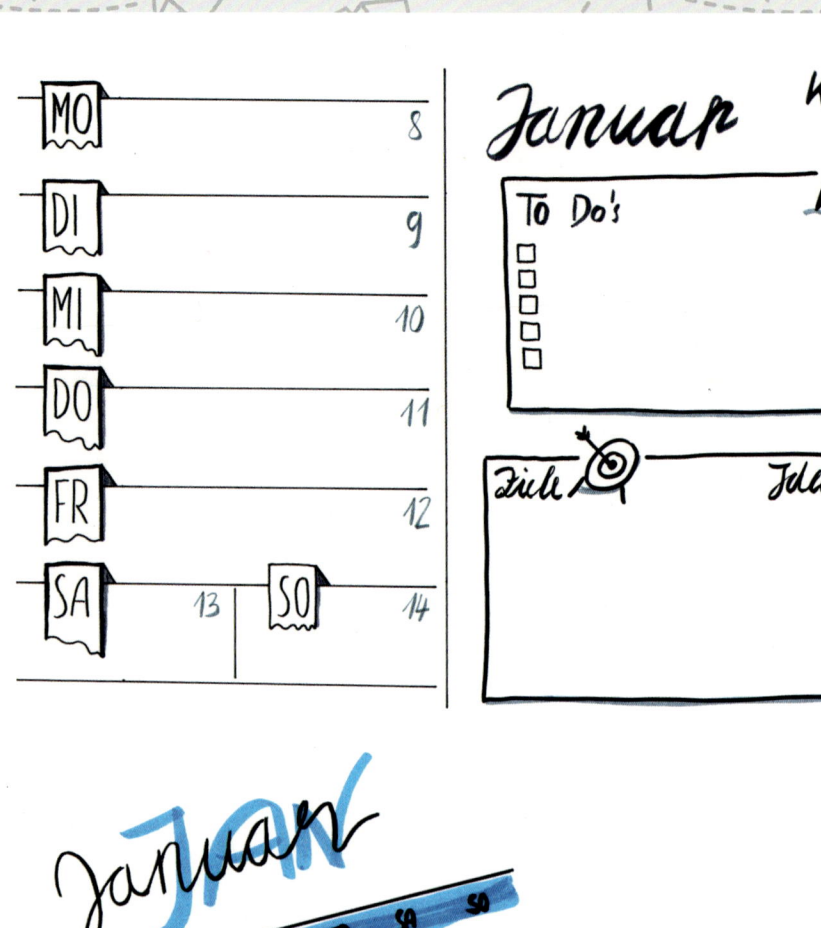

MO		8
DI		9
MI		10
DO		11
FR		12
SA	13	SO 14

Januar KW2

To Do's

Ziele

Ideen

Januar JAN

MO	DI	M	DO	FR	SA	SO
					5	6
		2	3	4	12	13
7	1	9	10	11	19	20
14	8	16	17	18	26	27
21	15	23	24	25		
28	22	30	31			
	29					

F. Falkenberg, S. Eberle: Bullet Journal für Lehrerinnen und Lehrer
© Auer Verlag

Bisher hast du schon sehr viele Inputs bekommen. Aber jetzt darfst du selbst aktiv werden und einiges ausprobieren. Du findest hier einige Anleitungen und Anregungen zum Zeichnen. Viel Spaß dabei!

Container

Gehe immer Schritt für Schritt vor. Die Zahlen in den Kreisen zeigen dir den Weg!

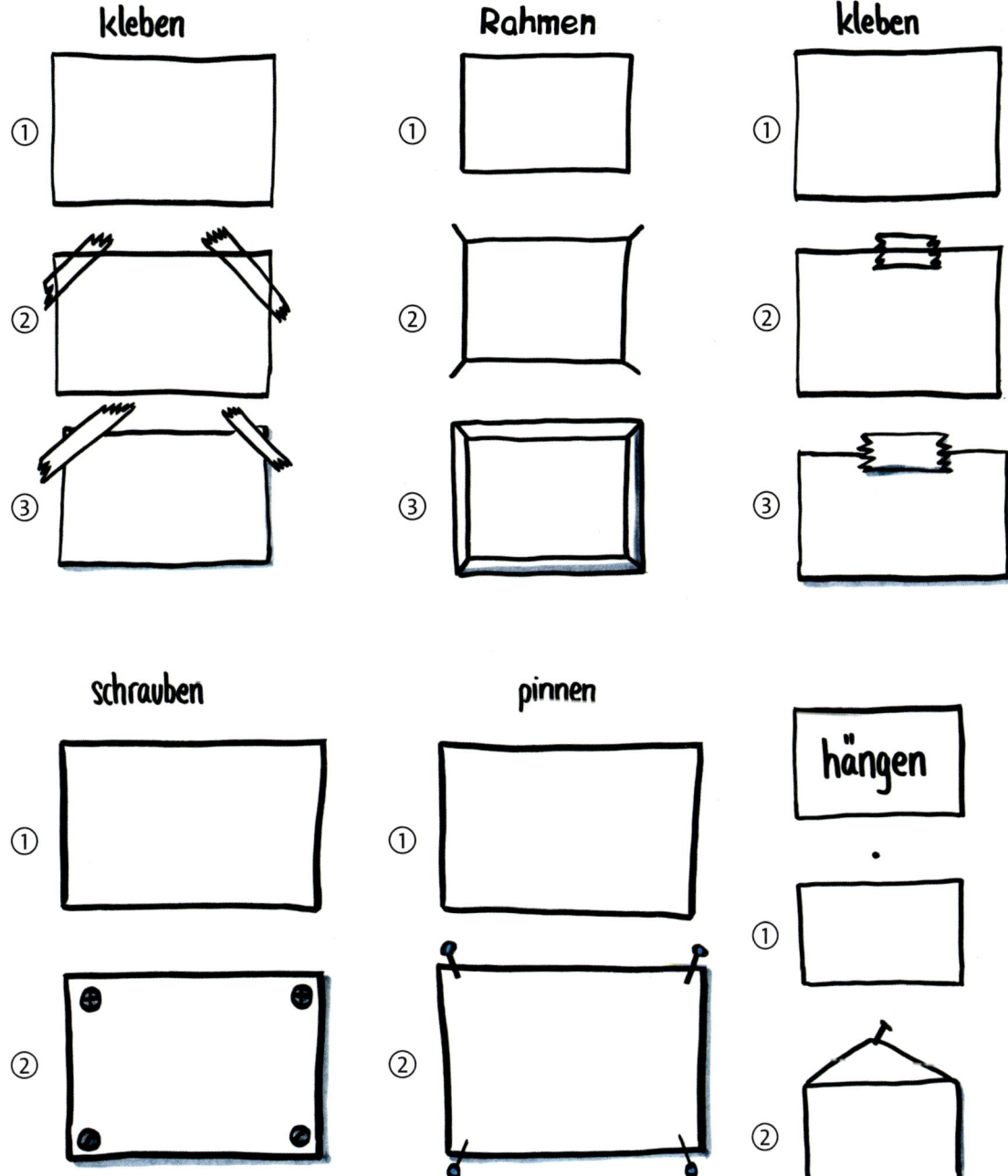

F. Falkenberg, S. Eberle: Bullet Journal für Lehrer*innen und Lehrer
© Auer Verlag

Schilder

vom Punkt weg!

Stapel

ZIEL

Wegweiser

F. Falkenberg, S. Eberle: Bullet Journal für Lehrerinnen und Lehrer
© Auer Verlag

Blätter, Hefte, Ordner

Gehe immer Schritt für Schritt vor. Die Zahlen in den Kreisen zeigen dir den Weg!

F. Falkenberg, S. Eberle: Bullet. ournal für Lehrerinnen und Lehrer
© Auer Verlag

Symbole

Schatten

Schatten lassen deine Zeichnungen lebendig wirken, indem sie eine weitere Ebene vortäuschen. Wenige Striche erzeugen Dynamik und eine große Wirkung. Als Schattenfarbe bietet sich Grau an. Sie gilt als unbunte Farbe und kann daher gut mit allem kombiniert werden. Zum Schatten gehört immer auch das Licht. Um es dir leichter zu machen, stellst du dir vor, dass die Lichtquelle immer von links oben auf dein Blatt scheint. Daraus ergibt sich der Schatten rechts und unten. Bei der einfachen Visualisierung unterscheiden wir nur zwischen Containerschatten und Symbolschatten. Du kannst dir vereinfacht merken, dass der Schatten bei Containern außen gezeichnet wird und bei Symbolen innen.

Containerschatten (außen)

Symbolschatten (innen)

Schatten hat Abstand zum Objekt

Schattenfehler ausbessern

F. Falkenberg, S. Eberle: Bullet Journal für Lehrerinnen und Lehrer
© Auer Verlag

Banner

Gehe immer Schritt für Schritt vor. Die Zahlen in den Kreisen zeigen dir den Weg!

①    ①

②    ②

③    ③

①    ④

②    ⑤

③    ⑥

F. Falkenberg, S. Eberle: Bullet Journal für Lehrerinnen und Lehrer
© Auer Verlag

①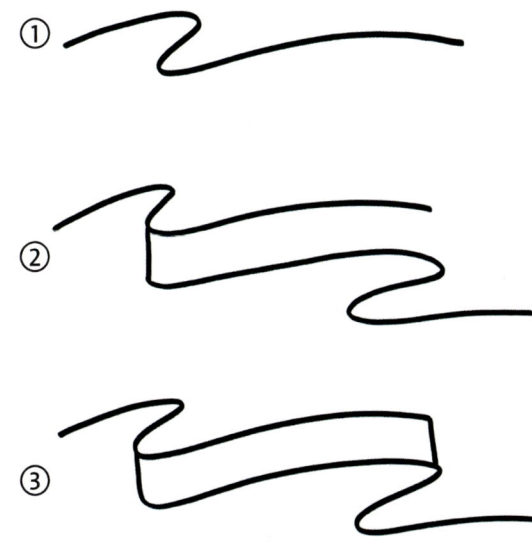

④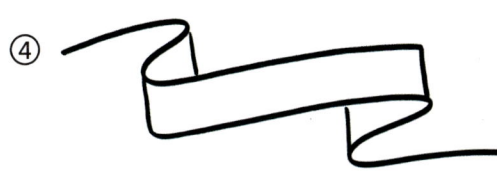

⑤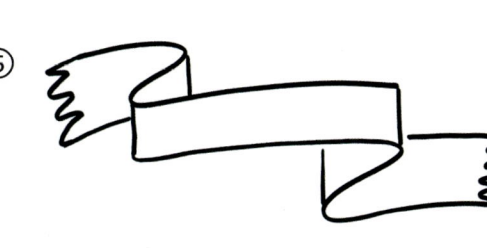

②

⑥

③

Weitere Beispiele

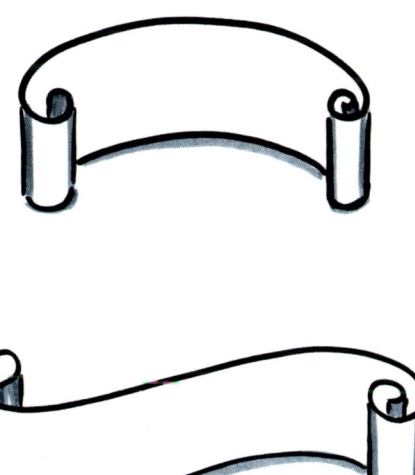

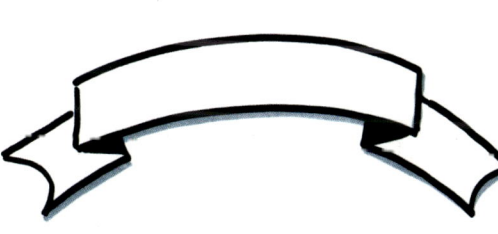

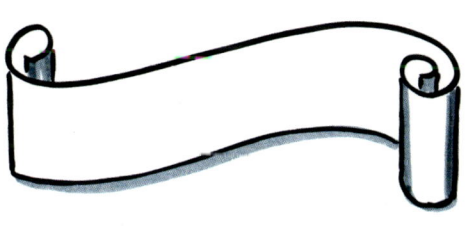

F. Falkenberg, S. Eberle: Bullet Journal für Lehrerinnen und Lehrer
© Auer Verlag

Sprechblasen

F. Falkenberg, S. Eberle: Bullet Journal für Lehrerinnen und Lehrer
© Auer Verlag

Pfeile

Gehe immer Schritt für Schritt vor. Die Zahlen in den Kreisen zeigen dir den Weg!

① =

② =

③ ⟶

④ ⟩⟩⟩

① ⌒

② ⌒

③ ⌒

④

⑤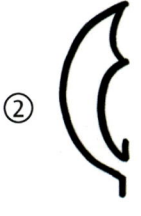

① ⇒

② ⇒

③ ➡

① ⌐

② ⌐

③ ➡

① ⸨

② ⸨

③ ⸨

①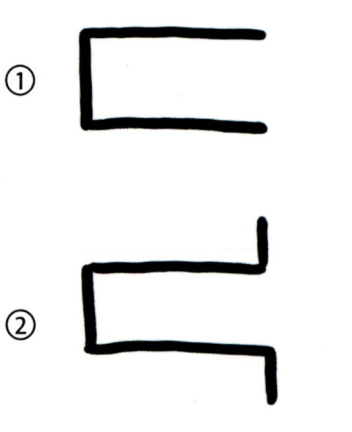

②

③

④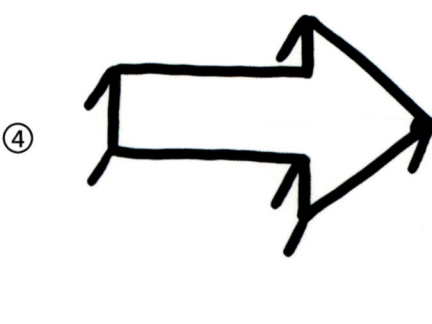

⑤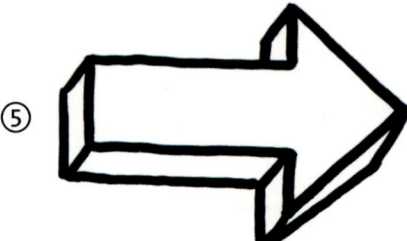

Weitere Beispiele

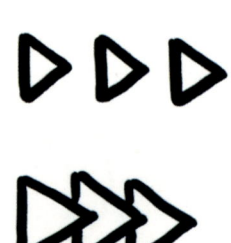

F. Falkenberg, S. Eberle: Bullet Journal für Lehrerinnen und Lehrer
© Auer Verlag

Bullets (Aufzählungszeichen)

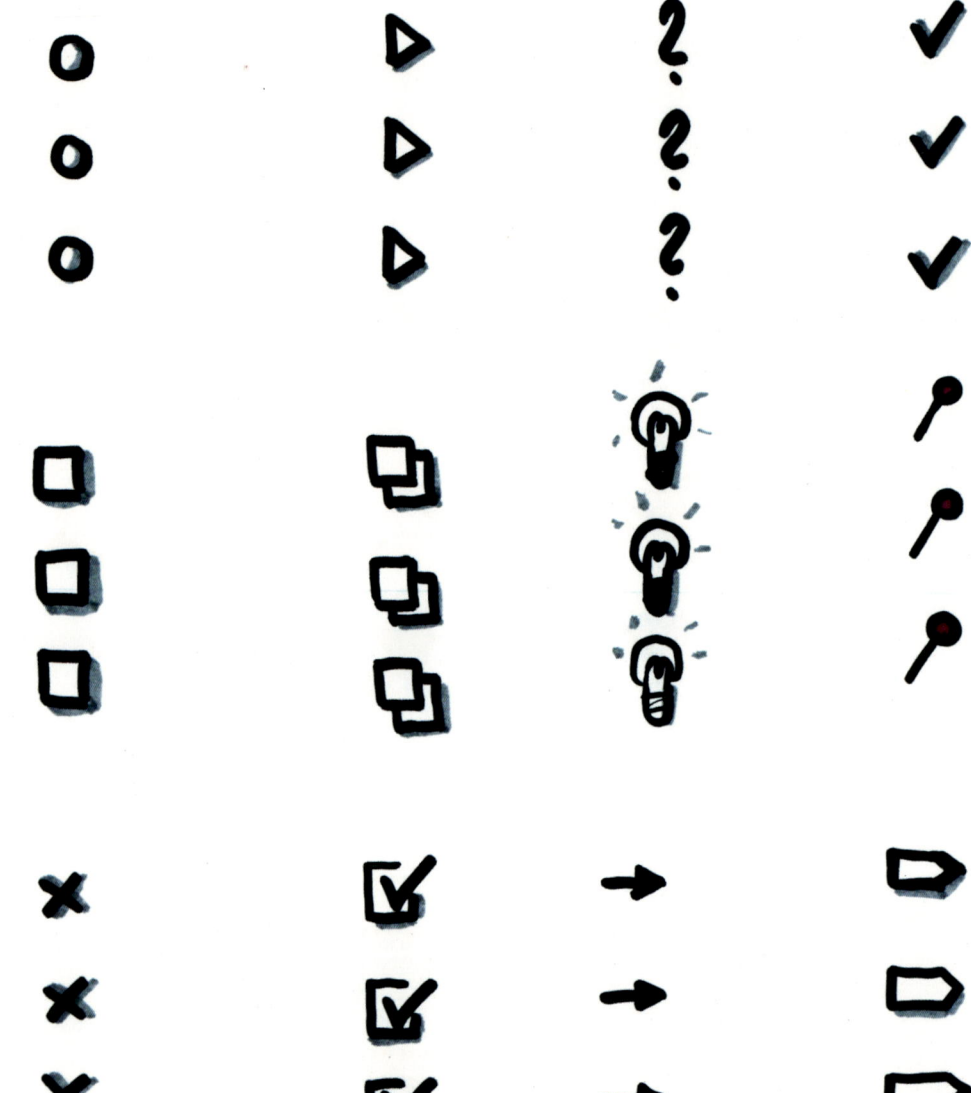

F. Falkenberg, S. Eberle: Bullet Journal für Lehrerinnen und Lehrer
© Auer Verlag

Trenner und Ecken

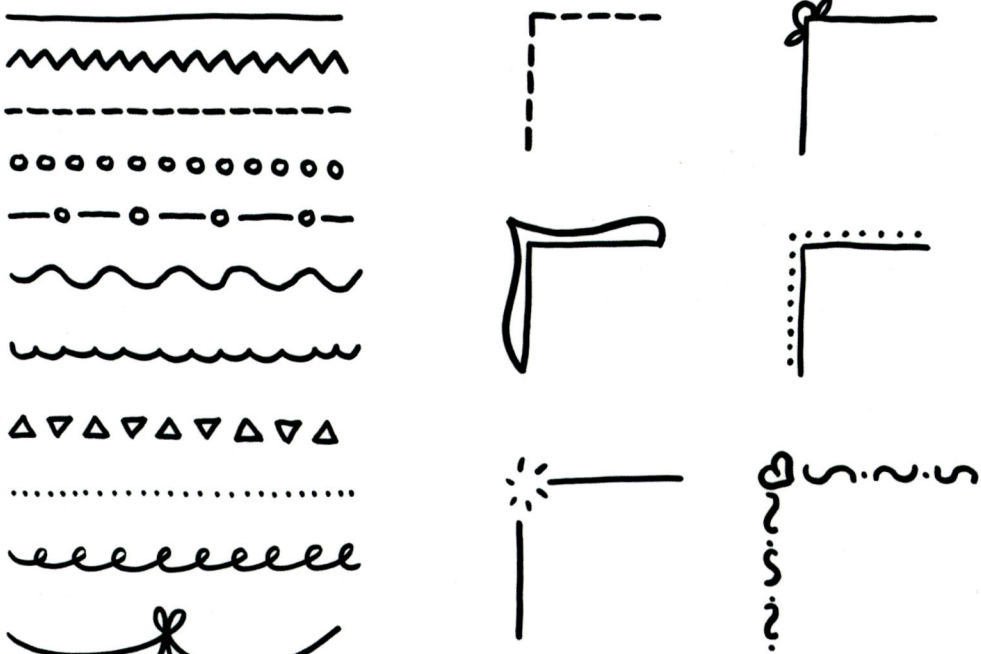

Datum

Gehe immer Schritt für Schritt vor. Die Zahlen in den Kreisen zeigen dir den Weg!

①

②

③

④

⑤

⑥

①

②

③

④

⑤

⑥

F. Falkenberg, S. Eberle: Bullet Journal für Lehrerinnen und Lehrer
© Auer Verlag

Menschen und Menschengruppen

Gehe immer Schritt für Schritt vor. Die Zahlen in den Kreisen zeigen dir den Weg!

① ② ③ ④

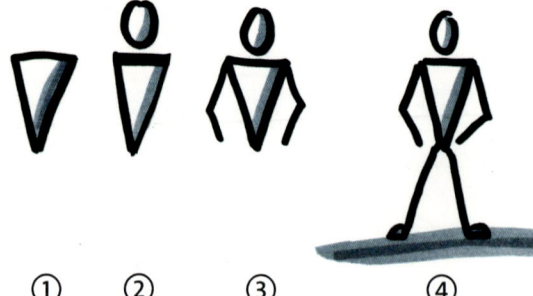

① ② ③ ④

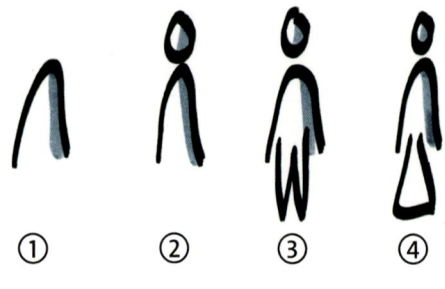

① ② ③ ④

① ② ③ ④

⑤

① ② ③ ④

F. Falkenberg, S. Eberle: Bullet Journal für Lehrerinnen und Lehrer
© Auer Verlag

F. Falkenberg, S. Eberle: Bullet Journal für Lehrerinnen und Lehrer
© Auer Verlag

Schrift

Die Handschrift sagt viel über einen Menschen aus, es ist eine persönliche und einzigartige Ausdrucksweise. Gegenüber dem Schreiben am Computer hat es einen großen Nachteil – die Zeit. Viele Menschen nutzen das Schreiben mit der Hand, um die eigenen Gedanken auf das Papier zu bringen, Stress über das Schreiben abzubauen und ein Bullet Journal zu gestalten.

Seine eigene Handschrift zu verändern, kann sehr mühsam und langwierig sein, weil wir schon sehr lange so schreiben und die Gewohnheit tief verankert ist. Trotzdem kann das Bemühen um eine schöne Schrift lohnenswert sein, vor allem bei der Gestaltung deines Bullet Journals oder von Grußkarten für andere.

Wenn du gerne an deiner Schrift etwas verändern möchtest, habe ich zwei Tipps:

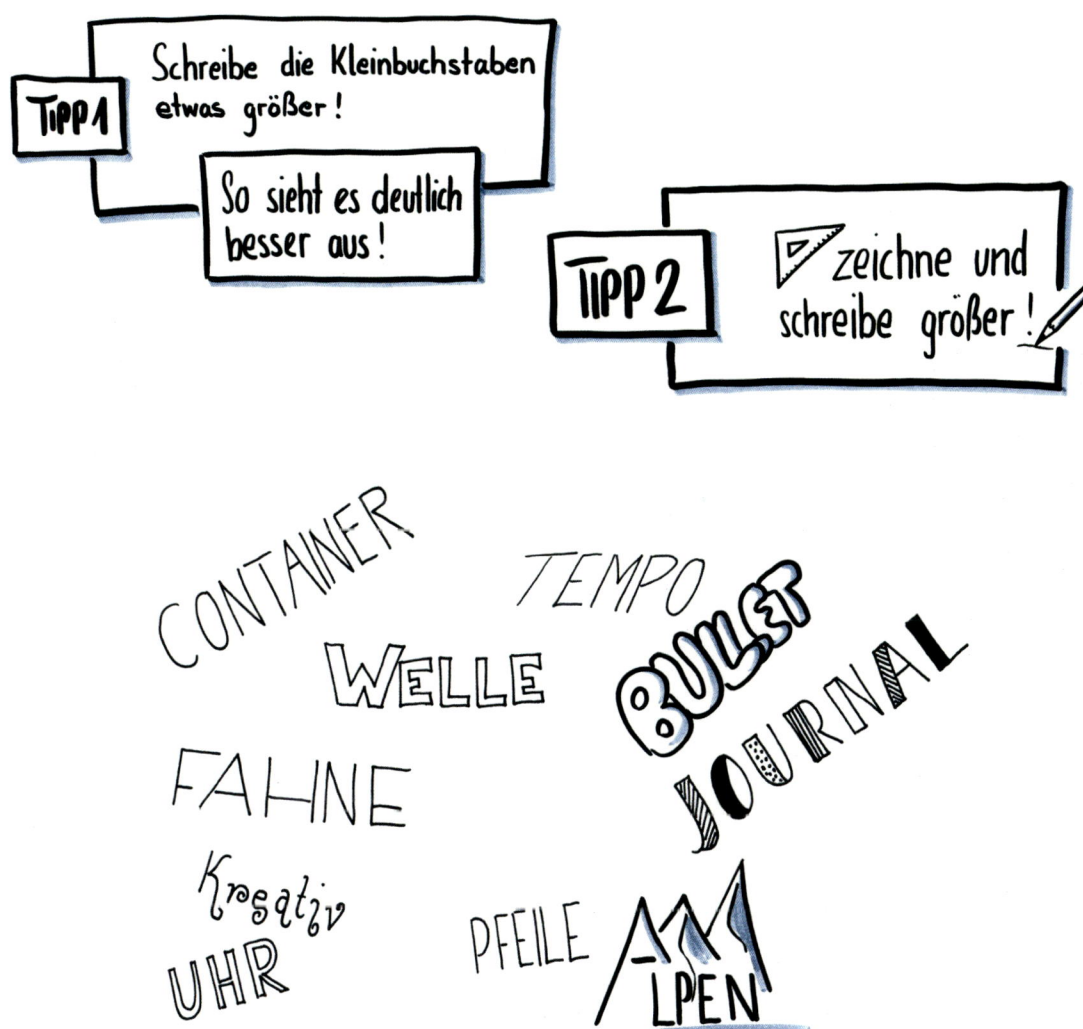

Im BuJo kannst du auch diverse Zeit- und Selbstmanagementtechniken anwenden. Der Begriff „Zeitmanagement" trifft eigentlich nicht ins Schwarze. Deine Zeit kannst du nicht managen, es sind immer 24 Stunden pro Tag, sondern es geht um das Management der eigenen Arbeitsweise. Dafür, wie du deinen Arbeitsalltag besser in den Griff bekommst, gibt es sehr viele Techniken. Die Ziele und die Ideen dahinter sind immer ähnlich. Es geht stets darum, Aufgaben zu planen und zu priorisieren. Den Zeigarnik-Effekt wirst du dabei in allen Techniken erkennen.

Natürlich macht es keinen Sinn, alle Methoden gleichzeitig anzuwenden. Probiere einfach mal diejenigen, die dir sympathisch erscheinen, eine Zeit lang aus. Neben dem Planen und Priorisieren von Aufgaben ist auch das Treffen von Entscheidungen zentral. Du entscheidest dich beispielsweise für die Erledigung einer Aufgabe oder eben dagegen. Das heißt, du musst selbst Verantwortung übernehmen – aber es ist die Verantwortung für dich und deine eigene Zeit.

Selbstmanagement-Methoden

ALPEN-Methode

Die ALPEN-Methode nach Lothar Seiwert, einem „Zeitmanagement-Guru", ist eine tolle Möglichkeit, deinen Tag oder deine Woche zu planen. Durch eine gute Planung kannst du dir viel Zeit sparen. Dabei gehst du am Anfang eines jeden Nachmittages und einer jeden Woche folgendermaßen vor:

Aufschreiben: Notiere dir in einer einfachen To-do-Liste ohne Reihenfolge, welche Aufgaben, Aktivitäten und Termine heute so anstehen. Was du am Vortag nicht geschafft hast, kommt ebenfalls auf diese Liste.

Länge: Schätze die Länge der Aufgaben ein. Beachte dabei, dass ...
- der Zeitaufwand für jede Aufgabe realistisch ist (nicht zu knapp!).
- du dir für alle Aufgaben ein Zeitlimit setzt.
- du dir für jede Aufgabe die genaue Uhrzeit festhältst.

Es ist dabei hilfreich, nach dem Erledigen der Aufgaben aufzuschreiben, ob deine Einschätzung richtig war, so kannst du nächstes Mal den Zeitaufwand noch realistischer einplanen.

Puffer: Wichtig ist, dass du dir Puffer einplanst, ansonsten kommst du in Dauerstress und kannst keine Pausen einlegen oder auf Unvorhergesehenes (und davon gibt es bekanntlich einiges) reagieren. Verplane nur 50 bis 60 % deiner Arbeitszeit und deiner Homeoffice-Zeit, der Rest sollte als Puffer dienen.

Entscheidungen: Priorisiere Aufgaben und streiche sie nach Möglichkeit. Am besten kategorisierst du sie nach Wichtigkeit, ähnlich wie bei der Eisenhower-Methode.

Nachkontrolle: Klingt ein bisschen nach Zahnarzt, aber am Ende eines jeden Tages oder jeder Woche solltest du überprüfen, ob du alle Aufgaben erledigt hast. Falls nicht, kommen sie auf die To-do-Liste für den nächsten Tag. Wichtig ist auch, dass du dir überlegst, warum du diese Aufgaben nicht geschafft hast, damit du dies am nächsten Tag besser planen kannst. Erfahrungswerte helfen dir, deine Planungen zu optimieren!

F. Falkenberg, S. Eberle: Bullet Journal für Lehrerinnen und Lehrer
© Auer Verlag

Anbei findest du eine Vorlage, wie du sie in dein BuJo zeichnen kannst.

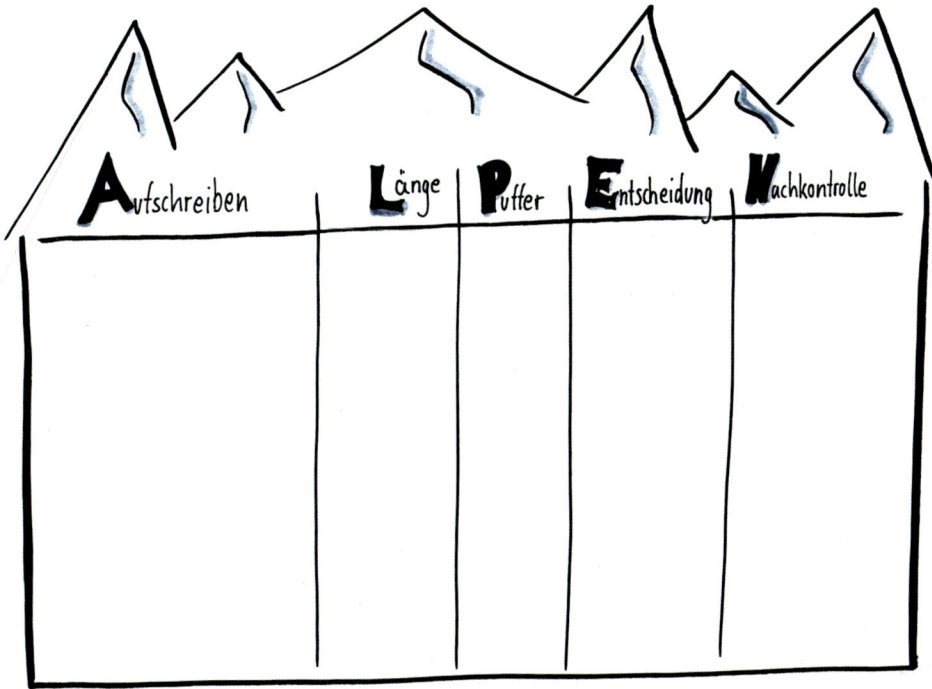

Eisenhower-Methode

Angeblich geht diese Methode auf eine Rede des amerikanischen Präsidenten Dwight D. Eisenhower zurück.

Bevor du deinen Tag oder deine Woche organisierst, schreibst du dir auf, was alles ansteht. Die ungeliebten Dinge wie Elterngespräche oder das Korrigieren solltest du dabei nicht vergessen. Nun zeichnest du ein Quadrat, welches wiederum aus vier kleineren Quadraten besteht und diese beschriftest du mit A, B, C und D:

A: Aktuelle Aufgaben, die wichtig und dringend sind, z. B. die Klassenarbeit für den nächsten Tag. Diese haben Vorrang, die erledigst du am besten so schnell wie möglich. Nutze für diese Aufgaben dein Leistungshoch!

B: Aufgaben, die wichtig sind, aber nicht sofort erledigt werden müssen, z. B. die Vorbereitung eines Projekts. Diese kannst du im Laufe der nächsten Woche erledigen. Wichtig ist, dass du es rechtzeitig terminierst.

C: Aufgaben, die zwar dringend sind, aber nicht wichtig. Diese kannst du an jemanden delegieren, der gerade mehr Kapazitäten hat. Oder du kannst einfach mal „Nein" sagen!

D: Aufgaben, die weder wichtig noch dringend sind. Schau dir diese Kategorie ab und zu mal an. Falls hier schon länger etwas hängt, dann kannst du sie getrost im Papierkorb entsorgen. Dies kann z. B. die Verbesserung der Ästhetik eines Arbeitsblattes sein.

F. Falkenberg, S. Eberle: Bullet Journal für Lehrerinnen und Lehrer
© Auer Verlag

Jetzt ordnest du die Aufgaben auf deiner Liste dem jeweiligen Quadrat zu. Nach Erledigung einer Aufgabe markierst du diese mit den entsprechenden Bullets. Am nächsten Tag oder in der nächsten Woche überträgst du die noch nicht erledigten Aufgaben.

Falls – egal, ob in Quadrat A, B, C oder D – etwas länger als einen Monat steht und du noch lebst, solltest du dir überlegen, ob dieser Punkt wirklich so wichtig ist, wie du dachtest.

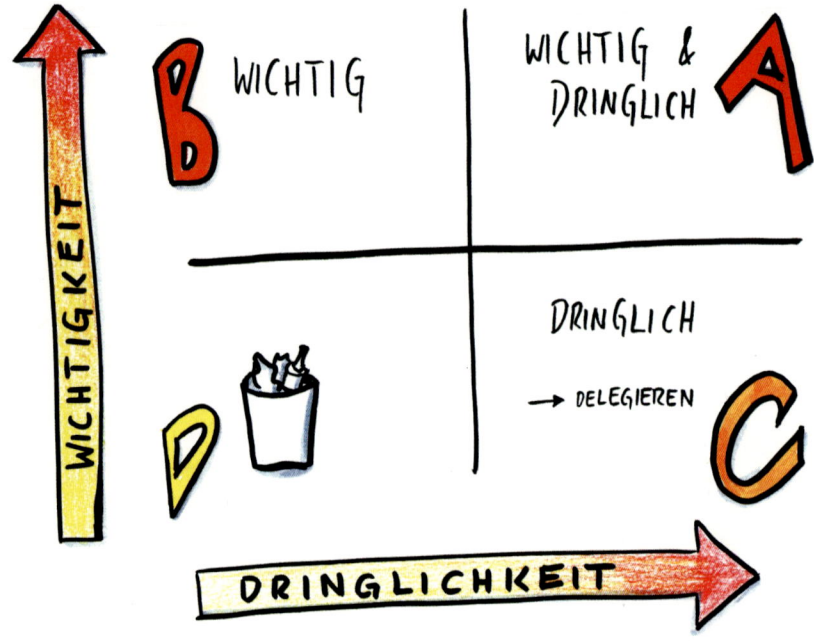

ABC-Methode

Falls dir die beiden genannten Methoden zu kompliziert sind, gibt es auch noch eine einfachere Variante: Schreibe alle Aufgaben des Tages oder der Woche auf. Nun ordne sie nach Wichtigkeit, indem du sie kennzeichnest.

- **A-Aufgaben:** sehr wichtig (sofort erledigen)
- **B-Aufgaben:** weniger wichtig (später erledigen oder delegieren)
- **C-Aufgaben:** kaum wichtig bis unwichtig (delegieren oder verwerfen).

Nach Erledigung markierst du die Aufgaben wieder mit den entsprechenden Bullets.

F. Falkenberg, S. Eberle: Bullet Journal für Lehrerinnen und Lehrer
© Auer Verlag

Kreative Ideen entwickeln

Mit dem Bullet Journal kannst du auch wunderbar neue Ideen oder Projekte entwickeln. Mit folgenden bewährten Techniken geht das ganz einfach:

Brainstorming

Das Brainstorming ist der Klassiker der Kreativitätstechniken.

1. Nimm dir eine Doppelseite im BuJo.
2. Schreibe auf die linke Seite mit einem schwarzen Stift die Hauptfragestellung und notiere alles, was dir dazu in den Sinn kommt. Hier gibt es keine Denkverbote, es können auch Gegenstände, Farben oder artfremde Begriffe sein.
3. Markiere nun alle Begriffe, die zusammengehören, mit derselben Farbe. So schaffst du eine erste Struktur.
4. Auf der rechten Seite schreibst du dann die Ideen ins „Reine". Vollkommen abwegige Ideen oder Begriffe lässt du dabei weg. Du kannst dem Ganzen, z. B. in Form von Kausalketten oder einer Reihung, bereits eine Struktur geben. Alternativ kannst du zum Ordnen und Strukturieren aber auch mit der „Mindmap"-Technik weitermachen.

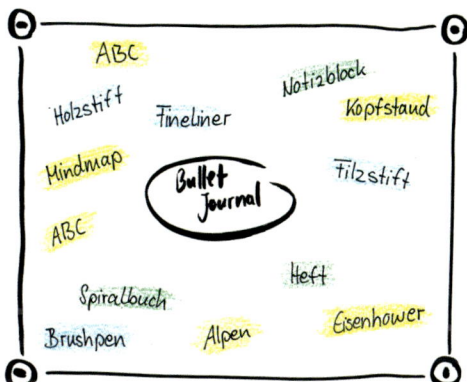
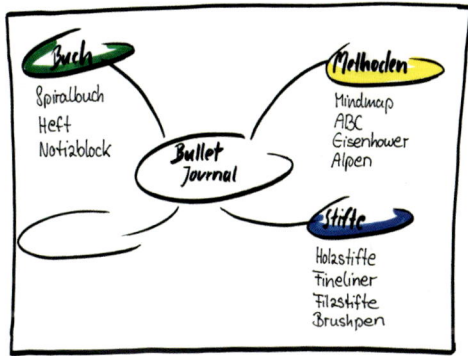

Kopfstand-Methode

Folgende Methode hat sich bei verfahrenen Problemen sehr bewährt, denn das Umkehren einer Problemstellung zwingt dich zu einem Perspektivenwechsel.

Du stehst vor dem Problem, dass deine Schüler*innen sehr unkonzentriert sind und stellst dir die Frage: „Wie schaffe ich es, die Konzentration der Schulkinder zu steigern?" Die Umkehrung der Problemstellung könnte lauten: „Wie schaffe ich es, die Konzentration der Schulkinder zu senken?" Nun schreibst du alle Möglichkeiten auf, mit denen du es schaffst, dass deine Klasse noch unkonzentrierter wird.

Beispiel: „Ich unterrichte ohne Pausen 90 Minuten durch."

Nach einer Pause (ein paar Stunden sollten es sein) formst du die Ideen wieder um:

Beispiel: „Ich führe regelmäßige Bewegungspausen ein." (siehe z. B. „Volle Konzentration in fünf Minuten", F. Falkenberg, Auer Verlag)

ABC-Technik

Schreibe die Buchstaben des Alphabets von A bis Z auf eine Seite im BuJo.

Neben jeden Buchstaben notierst du ein Wort, das mit diesem Buchstaben beginnt. Das Wort muss, auch wenn es weit davon entfernt ist, immer im Zusammenhang mit deiner übergeordneten Fragestellung stehen. Diese Technik ist sehr einfach, zwingt dich aber, auch abwegige Ideen miteinzubeziehen.

Anschließend kannst du die Ideen sortieren und in eine Struktur bringen.)

Alpen - Methode	**H**olzstift	**N**otizbuch	**T**un
Bullet	**I**dee	**O**rganisation	**U**hr
Container	**J**ournal	**P**feile	**V**erbindung
Dot	**K**opfstand	**Q**uer	**W**elle
Eisenhower Methode	**L**inie	**R**echteck	**X** - Kreuz
Fahne	**M**ännchen	**S**chrift	**Y**es
Gedankenblase			**Z**eichnen

Mindmap

Diese Methode hast du eventuell schon einmal mit deiner Klasse angewandt. Aber nutzt du sie auch selbst? Bei dieser Methode kannst du deiner Kreativität sowohl bei privaten Planungen (z. B. Urlaubsvorbereitungen) als auch in der Schule (z. B. Unterrichtsvorbereitung) freien Lauf lassen. Stelle dir eine Mindmap vor, wie einen von oben betrachteten Baum. In der Mitte siehst du den Stamm, von dem aus die starken Hauptäste abzweigen. Aus den Hauptästen wachsen wiederum Nebenäste.

Und so geht's:

1. Schlage eine leere Doppelseite im BuJo auf.
2. Schreibe das Schlüsselwort in die Blattmitte. Du kannst das Kernthema auch farblich hervorheben oder sehr großschreiben. Hauptsache, es sticht ins Auge.
3. Notiere auf einem „Schmierblatt" wie bei der Brainstorming-Technik alle Stichworte, die dir zu diesem Schlüsselwort einfallen. Nun gilt es, diese zu ordnen, zu verknüpfen, zu ergänzen und zu erweitern.
4. An das zentrale Thema hängst du nun sogenannte Hauptäste an. Diese Zweige bilden das Grundgerüst deiner Ideen. Überlege dir dafür, welche Oberbegriffe du als Hauptäste verwenden könntest.
5. Von jedem Hauptast zweigst du dann weitere Nebenäste ab.
6. Verbinde zum Schluss einzelne Themen, die du verknüpfen kannst z. B. mit Pfeilen.

F. Falkenberg, S. Eberle: Bullet Journal für Lehrerinnen und Lehrer
© Auer Verlag

Bei der Gestaltung sind deiner Fantasie keine Grenzen gesetzt. Ein Baum mit Blättern ist naheliegend, aber du kannst auch mit Wolken und vielen anderen Motiven arbeiten.

Für die Hauptäste kannst du jeweils eine eigene Farbe verwenden. Auch Symbole oder Bilder zu den einzelnen Begriffen lassen deine Mindmap einprägsamer werden. Hauptsache ist, dass es dir Spaß macht.

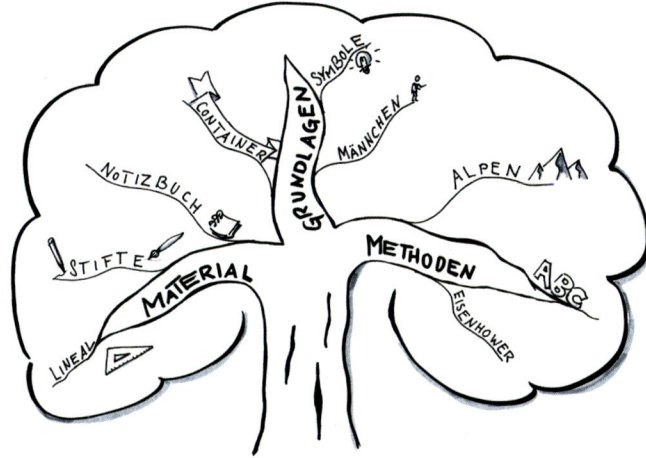

Die Hut-Technik

Diese Methode nach Edward de Bono basiert auf sechs sogenannten „Denkhüten".
Die unterschiedlichen Farben der Hüte symbolisieren bestimmte Denkrichtungen. Und so gehst du dabei vor:
Schreibe in der folgenden Reihenfolge zu deiner Problemstellung mit der jeweiligen Farbe die zugeordnete „Denkweise" auf:

1. Weiß (im BuJo z. B. Silber) steht für Objektivität und Neutralität.
2. Rot stellt dein subjektives Empfinden dar.
3. Schwarz steht für das kritische, zweifelnde Denken.
4. Gelb drückt die positive, optimistische Betrachtungsweise aus.
5. Grün zieht neue, gerne auch abwegige Aspekte und Alternativen in Betracht.
6. Blau verbindet die ersten fünf „Hüte" miteinander, du wägst ab, was für dich die beste Lösung ist. Es bietet sich an, sich diesen Hut nach einer Pause aufzuziehen.

F. Falkenberg, S. Eberle: Bullet Journal für Lehrerinnen und Lehrer
© Auer Verlag

Kuchenback-Methode

Diese Methode stammt von Burkhard Heidenberger. Sie geht im Prinzip ganz einfach und vereint verschiedene Methoden in sich. Wir setzen sie hier im BuJo um. Das Einzige, was du dafür brauchst, ist etwas Zeit.

Schritt 1: Zutaten sammeln

Alle Zutaten für deinen Kuchen werden eingekauft und auf den Küchentisch gestellt.

Notiere dir also in deinem BuJo alle Informationen und Impulse zu dem Thema. Vergiss dabei auch nicht die Meinungen und Vorschläge anderer Personen.

Schritt 2: Zutaten zu einem Teig kneten

Alle Informationen werden zu einem Teig verknetet. Das bedeutet, du stellst mit Linien Zusammenhänge her und markierst bestimmte Stichpunkte farbig oder mit Symbolen. Du kannst Zutaten streichen, wie du willst.

Schritt 3: Der Teig muss ruhen

Ein guter Teig muss ruhen. Leg also dein BuJo weg und beschäftige dich mit etwas anderem. Geh an die frische Luft oder schlafe die berühmte Nacht darüber. En guter Teig, das kann dir jeder Bäcker*jede Bäckerin bestätigen, braucht Zeit zum Gehen!

Schritt 4: Kuchen backen

Dein Unterbewusstsein hat mit der Verschriftlichung deiner Gedanken gearbeitet. Oft findest du nun Lösungsvorschläge und Ideen, mit denen du weiterarbeiten kannst. Schreibe dir die Lösung auf und warte, bis der Kuchen fertig ist. Diese Methode kannst du natürlich auch grafisch als Kuchen visualisieren.

F. Falkenberg, S. Eberle: Bullet Journal für Lehrerinnen und Lehrer
© Auer Verlag

Selbstmanagement-Tipps

Eat the frog!

Dieser Tipp lehnt sich an ein Zitat an, das von Nicolas Chamfort stammt:
„Eat a live frog first thing in the morning and nothing worse will happen to you the rest of the day. "

Mit anderen Worten: Kümmere dich um das Schlimmste so früh wie möglich, dann hast du's hinter dir und es kann nur besser werden. Markiere dir die Frösche z. B. mit einem grünen Ausrufezeichen oder sogar einem Frosch.

Lass dich dann nicht ablenken, konzentriere dich auf den Frosch und „erledige" ihn. Dann kannst mit einem guten Gefühl weiterarbeiten.
Der Autor Brian Tracy hat aus diesem Tipp ein Zeitmanagement-Verfahren entwickelt.

Entscheide dich!

Fall du ein Problem mit der Entscheidungsfindung hast, nimm eine Münze, lege
fest, welche Entscheidung dem Wappen und welche der Zahl zugeordnet ist. Nun wirf die Münze. Schaue nicht auf das Ergebnis! Schon während des Fluges wirst du wissen, welche Entscheidung du treffen musst. Bauchentscheidungen sind meistens die besten Entscheidungen.

Zwei Minuten!

Diese Methode ist sehr einfach, aber ungeheuer effektiv!
Zusammengefasst: Falls etwas weniger als zwei Minuten dauert, erledige es sofort.
Wenn sich dir eine Aufgabe in den Weg „stellt", triffst du eine Entscheidung:

- Dauert die Aufgabe länger als zwei Minuten, notiere und kategorisiere sie z. B. in der Eisenhower-Matrix.
- Dauert sie weniger als zwei Minuten und ist wichtig, erledige sie direkt!
- Dauert sie weniger als zwei Minuten und ist unwichtig, dann ist sie es nicht wert, dass du sie dir merkst!

Eine solche Zwei-Minuten-Aufgabe kann z. B. E-Mails beantworten oder schreiben, Termine festlegen oder Arbeitsblätter ausdrucken sein.

F. Falkenberg, S. Eberle: Bullet Journal für Lehrerinnen und Lehrer
© Auer Verlag

Salami-Taktik

Diese Methode geht auf den Philosophen René Descartes aus dem 17. Jahrhundert zurück. Eine ganze Salami wirst du schwer auf einmal hinunterwürgen können. In kleine Scheiben geschnitten schmeckt sie viel besser. Manche Aufgaben, wie die riesige Zahl an Heften zum Korrigieren

oder die Klassenarbeiten, erschlagen dich einfach. Teile sie in kleine Stücke und deine Motivation, die Aufgabe anzugehen, wird größer und du hast schneller ein Erfolgserlebnis!

Du gehst ganz einfach in vier Schritten vor:
1. Schreibe das Problem auf.
2. Zerlege das Problem in kleine Scheiben.
3. Ordne die Scheiben nach Wichtigkeit.
4. Erledige die Scheiben!

Halb geplant ist fast gewonnen!

Hierzu passt auch wunderbar folgende Allegorie: Stell dir einen großen Fünf-Liter-Eimer aus Glas vor. Zuerst schüttest du eine Menge Wasser hinein. Nun kippst du ordentlich Sand in den Eimer voller Wasser. Anschließend wirfst du eine Handvoll Kieselsteine dazu. Ganz zum Schluss versuchst du, zwei Ziegelsteine dazuzulegen. Vielleicht gelingt es dir sogar, einen Stein dazuzulegen, aber spätestens beim zweiten läuft der Eimer sicher über. Überlege mal, wie es besser gehen könnte:

- So lange es möglich ist, kannst du in den Eimer, also in deinen Nachmittag, noch dicke Ziegelsteine, große Aufgaben, packen, ohne dass es überläuft.
- Nun kommen die Kieselsteine, also kleinere Aufgaben dazu.
- Und falls jetzt noch Platz ist, kommt ein bisschen Sand dazu.
- Anschließend kannst du wunderbar abschätzen, ob und wie viel Wasser du noch dazugießen kannst, ohne überzulaufen.

Legst du deinen Fokus zuerst auf die unwesentlichen Aufgaben, auch wenn es die sind, die du lieber machst, wirst du die wichtigen nicht mehr unterbringen!

Tipp: Ein bisschen Platz sollte im Eimer immer noch frei sein. Es kann ja sein, dass dir jemand einen zusätzlichen Stein reinwirft!

F. Falkenberg, S. Eberle: Bullet Journal für Lehrerinnen und Lehrer
© Auer Verlag

Und wöchentlich grüßt das Murmeltier

Es wird Aufgaben geben, die immer wiederkehren und die du jeden Monat erledigen musst. Lege dir für solche Fälle eine extra Seite an. Das ist ähnlich wie im Haushalt, denn auch hier gibt es Dinge, die sind einmal pro Woche fällig, manche nur einmal im Monat usw. In der Schule ist das ähnlich: Hefte werden eingesammelt, die Sitzordnung neu gestaltet etc. So etwas vergisst du schnell. Gestalte dir deshalb Doppelseiten mit diesen Aufgaben in deinem Bullet Journal.

Wenn du noch mehr Tipps und Methoden zum Selbstmanagement kennenlernen willst, können wir dir das Buch „Fünf-Minuten-Übungen für Lehrer. Achtsamkeit: Schnell zu mehr Ruhe und Gelassenheit" (F. Falkenberg, Auer Verlag, 2019) empfehlen.

Selbstreflektiert und protokolliert geht es einfacher!

Was ist Achtsamkeit?

Achtsamkeit ist zwar ein Begriff, dessen Bedeutung immer mehr Beachtung geschenkt wird. In dem Stress und Trubel, der uns umgibt, verpassen und vergessen wir jedoch trotz dieses Bewusstseins häufig, uns und unsere Umwelt wahrzunehmen.

„Der Schüler fragt seinen Meister, der beim Volk und den Königen für seine Weitsichtigkeit und Weisheit bekannt ist: ‚Meister, was hilft mir dabei, glücklich zu sein? Was hilft mir dabei, meinen Weg zu gehen, voller Kraft und Stärke? Was bringt mir Wohlstand, Liebe, Sicherheit und inneren Frieden?' Und der Meister sagt: ‚Achte auf deine Gefühle. Ohne sie zu bewerten. Jeden Tag. Achte auf deine Gedanken. Ohne sie zu bewerten. Jeden Tag. Achte auf deine Handlungen. Ohne sie zu bewerten. Jeden Tag. Achte auf deine Bedürfnisse. Ohne sie zu bewerten. Jeden Tag. Sei bei dir. Und der Rest kommt von alleine." (Verfasser unbekannt)

Das Kreuz (mit) der Achtsamkeit

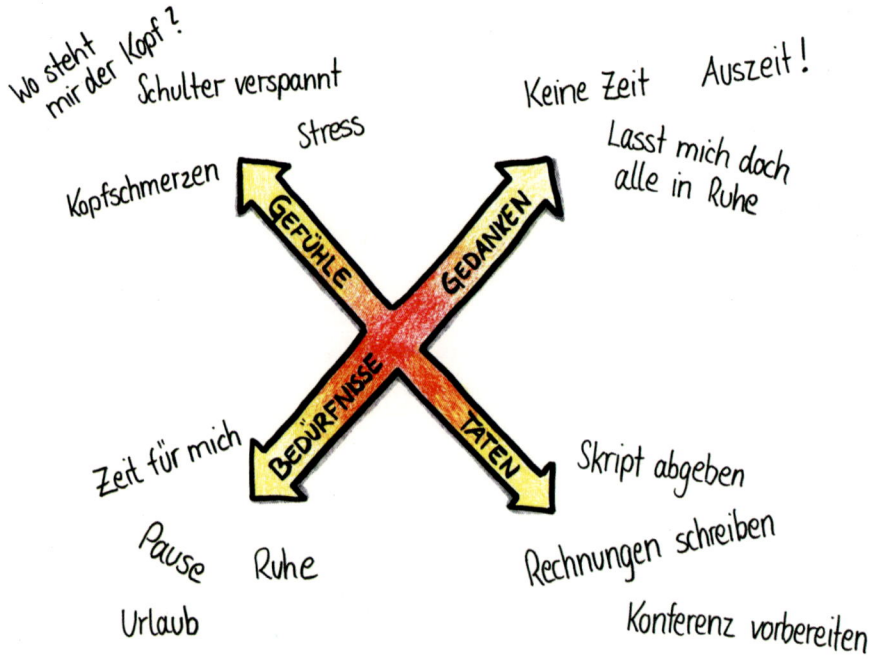

Die folgende Übung hilft dir, dich selbst regelmäßig zu beobachten. Das Ganze geht in fünf Schritten vor sich.

Schritt 1: Zeichne ein Kreuz

Zeichne ein Kreuz und beschrifte jeweils einen der vier Arme mit „Gefühle", „Gedanken", „Taten" und „Bedürfnisse".

F. Falkenberg, S. Eberle: Bullet Journal für Lehrerinnen und Lehrer
© Auer Verlag

Schritt 2: Gefühle

Schließe die Augen: Was fühlst du genau in diesem Moment? Was spürst du?
Schreibe deine Eindrücke unter den Arm des Kreuzes, der mit „Gefühle" beschriftet ist.

Schritt 3: Gedanken

Was denkst du gerade? Was beschäftigt dich? Welche Sorgen hast du gerade?
Trage diese Ergebnisse unter „Gedanken" ein.

Schritt 4: Taten

Was machst du gerade? Welche Handlungen führst du gerade aus?
Notiere die Punkte unter „Taten".

Schritt 5: Bedürfnisse

Was würde gerade jetzt guttun? Wen und was sehnst du gerade herbei? Welche Bedürfnisse hast du in diesem Moment? Was brauchst du gerade?
Trage die Stichwörter unter „Bedürfnisse" ein.

Das Achtsamkeits-Kreuz setzt deine Gedanken, Gefühle, Taten und Bedürfnisse in eine Beziehung. Viele Verknüpfungen wären sonst nicht auf den ersten Blick ersichtlich. Reserviere doch in deinem Bullet Journal eine Seite pro Woche für diese Kreuze und beschrifte mindestens einmal pro Tag ein Kreuz.

Pyramide des Lebens

Zeichne eine Pyramide mit drei Ebenen. Schreibe in die unterste Ebene („Fundament"), was die Basis deines Lebens ist und ohne das du nur schwer leben kannst. Das kann deine Familie oder aber auch dein Beruf sein.
Schreibe nun in die zweite Ebene („Gesundheit"), was du benötigst, um gesund zu bleiben/ zu werden. Das können gutes Essen, aber auch sportliche Aktivitäten sein.
In der Spitze der Pyramide notierst du deine Wünsche bzw. Dinge, die dir innere Befriedigung verschaffen.

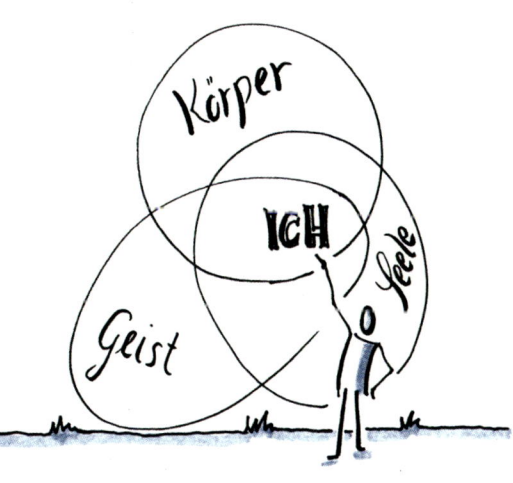
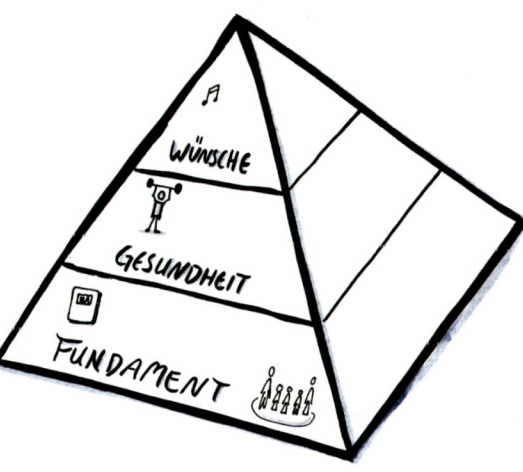

Die fünf Finger der Achtsamkeit

Mit der „Fünf-Finger-Methode" kannst du dich und deine Aufmerksamkeit wunderbar schulen.

Jedem Finger deiner Hand wird ein Sinneskanal und der Handinnenfläche der aktuelle Gedankengang zugeordnet. Der Handrücken dient als Erinnerung an die Wahrnehmung – ohne Bewertung. Bitte nimm deine Wahrnehmungen wertfrei an!

Als Trainingssituation kannst du beispielsweise die Zeit im Wartezimmer beim Arzt gut nutzen.

Lege deine Hand auf das Papier und fahre die Umrisse nach. Schreibe nun in jeden Finger folgende Kanäle.

1. Daumen: Hören
   Was hörst du genau jetzt? Welche Geräusche, Klänge und Töne sind nah, welche fern? Sind es Stimmen oder Maschinen?
2. Zeigefinger: Sehen
   Was siehst du, wenn du geradeaus schaust? Wenn du nach oben/unten und links/rechts blickst? Welche Farben siehst du?
3. Mittelfinger: Spüren
   Nimm deinen Körper aktiv wahr. Was fühlt sich leicht oder schwer an? Wie nimmst du die Temperatur wahr? Wie schnell oder langsam atmest du?
4. Ringfinger: Schmecken
   Was schmeckst du gerade mit deiner Zunge?
5. Kleiner Finger: Riechen
   Was riechst du gerade? Nimmst du deinen eigenen Geruch wahr oder ist es deine Umgebung?

Handinnenfläche:
Wo bist du gerade mit deinen Gedanken? Was beschäftigt dich gerade?

Die fünf Finger der

WO WAR ICH GERADE MIT MEINEN GEDANKEN?

RIECHEN · SCHMECKEN · SPÜREN/FÜHLEN · SEHEN · HÖREN

wahrnehmen
annehmen
wertfrei akzeptieren

Achtsamkeit

F. Falkenberg, S. Eberle: Bullet Journal für Lehrerinnen und Lehrer
© Auer Verlag

Lob dich selbst!

Der Chef spricht es zu selten aus, Eltern und Schüler*innen ebenfalls, zu Hause kommt es außerhalb des Mutter-/Vatertags auch selten über die Lippen: das Lob. Daher nun unsere Aufforderung: Mach es doch einfach in deinem Bullet Journal! Nimm dir zehn Minuten Zeit und lobe dich selbst. Denn auch Selbstlob kann unser Selbstbewusstsein stärken. Berücksichtige dabei sowohl deine Fähigkeiten und Stärken in der Arbeit als auch im Privat-bereich. Du musst die Liste nicht in einem Zug beenden. Lass deine Selbstlob-Liste wachsen. Und wenn du einen schlechten Tag hast, schau sie dir an!
Und noch etwas: Eigenlob stinkt nicht! Erst recht nicht, wenn es im BuJo steht!

Dankbarkeit

Wir Menschen und wir Lehrkräfte im Besonderen suchen ja gern mal die Fehler. Durch diese Negativtendenz neigen wir dazu, den Mangel im Leben etwas deutlicher zu sehen. Wir übersehen die Dinge, die positiv sind, dann gerne einmal. Du fühlst dich, als wärst du als Mensch nicht genug – alle meinen es schlecht mit dir. Dankbarkeitsrituale wie dieses können dich in diesen Momenten stärken.

Es ist wie in einem Garten, du kannst das ganze Unkraut sehen, du kannst aber auch die Blumen entdecken. Der Blick auf die Blumen führt zwar nicht dazu, dass wir weniger Unkraut zu rupfen haben, aber wir wissen so, wozu wir überhaupt Unkraut jäten: um die Blumen oder auch die wilden Beeren, die sich im Unkraut versteckt haben, sehen zu können. Du fokussierst auf diese Weise deine Aufmerksamkeit auf das, was ist.

Prof. Brené Brown, eine Wissenschaftlerin und bekannte Autorin aus Houston, fand heraus, dass Menschen, die Dankbarkeitsrituale praktizieren, eine erhöhte Resilienz, also psychische Widerstandskraft, entwickeln. Diese Menschen erleben zwar auch genauso viel Unkraut wie andere Menschen, ihre Fähigkeit, damit umzugehen, also die Blumen zu sehen, ist aber wesentlich höher als bei anderen.

Außerdem fand sie heraus, dass ein dankbarer Mensch positive Erfahrungen besser ge-nießen und erleben kann. Negative Gefühle verarbeitet eine solche Person leichter und das Selbstwertgefühl steigt. Das Bullet Journal eignet sich hierfür wunderbar. Wenn du dankbar bist bzw. Dankbarkeit trainierst, sendest du deinem Oberstübchen das dazu passende Signal. Nach einer gewissen Zeit verspürst du in deinem Alltag mehr Dankbarkeit, weil du viele Dinge positiver wahrnimmst. In weiteren Studien ermittelte man, dass teilnehmende Personen, die jeden Tag drei Dinge aufschreiben, für die sie dankbar sind, wesentlich glück-licher sind als eine Vergleichsgruppe.

Folgende Fragen könntest du dir jeden Morgen stellen:
1. *Für diese drei Dinge bin ich dankbar ...*
2. *Was genau macht diesen Tag zu einem besonderen Tag?*
3. *Positive Selbstbekräftigung: Ich bin ...*

F. Falkenberg, S. Eberle: Bullet Journal für Lehrerinnen und Lehrer
© Auer Verlag

Abends vor dem Schlafengehen könntest du dir zu folgenden Fragen die Antworten in dein BuJo notieren:

1. *Was habe ich heute Gutes getan?*
2. *Was hätte ich heute besser machen können?*
3. *Drei wunderbare Dinge, die ich heute erlebt habe.*

Habit Tracker

Es dauert sehr lange, neue Gewohnheiten in seinem Leben zu etablieren (oder auch sich diese abzugewöhnen), von mindestens 30 Tagen sprechen Forscher*innen hier. Helfen können dir dabei Habit Tracker in deinem BuJo. Habit Tracker bedeutet eigentlich nichts anderes als „Gewohnheiten-Verfolger".

Simpel ausgedrückt handelt es sich dabei um nichts anderes als eine Tabelle, in der Punkte abgehakt werden. Und an jedem Tag, an dem man eine Gewohnheit gepflegt hat, setzt man ein Kreuz/einen Haken etc. Setze dir pro Monat einige Ziele, die du erreichen willst. Klassisches Beispiel ist das tägliche Wassertrinken. Privat kann das auch das morgentliche Kaltduschen oder das wöchentliche Yoga sein. In der Schule hingegen bietet sich zum Beispiel das Einführen einer täglichen Bewegungspause oder ein neues Vorgehen beim Korrigieren der Hefte an. Du kennst hier sicherlich viele Möglichkeiten, die du umsetzen kannst. Ein Beispiel von uns findest du in der folgenden Zeichnung:

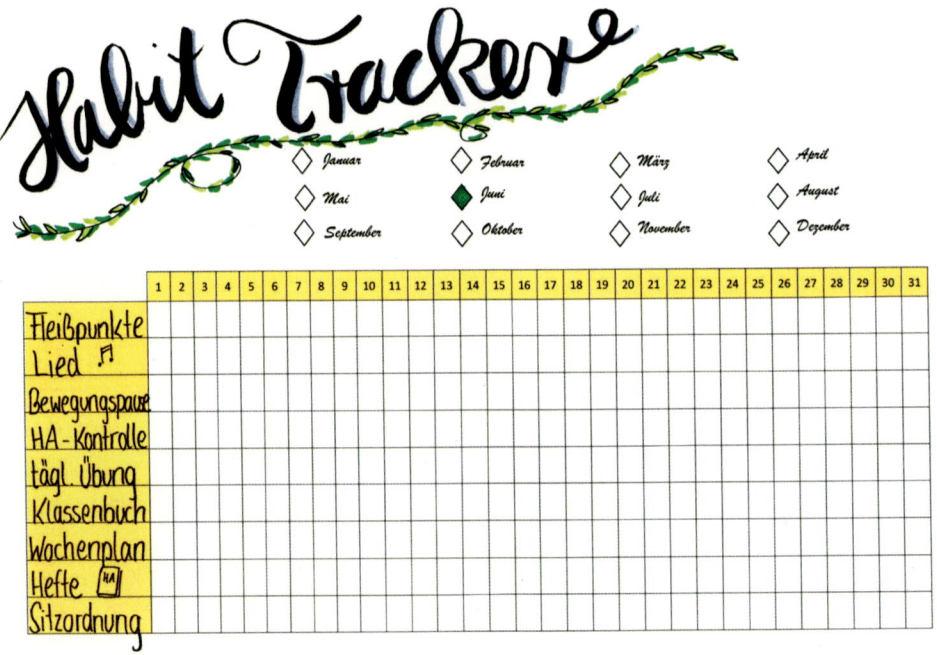

Mood Tracker

Ein Mood Tracker oder ganz einfach Stimmungstagebuch hilft dir, Überblick über deine tägliche Stimmung und deren Schwankung zu bekommen. Jeder Laune, die du festhalten möchtest, ordnest du dann eine Farbe zu, die diese Stimmung für dich repräsentiert.

Am Abend lässt du mit deinem BuJo den Tag Revue passieren und überlegst, welche Stimmung den Tag über dominiert hat und füllst dein Stimmungstagebuch mit dem entsprechenden Farbcode aus.

Das Ziel eines Mood Trackers soll es ja sein, nicht nur deine Stimmung festzuhalten, sondern auch dich selbst zu hinterfragen und, wenn möglich oder nötig, den Impuls zu geben, etwas zu verändern.

Außerdem zeigt sich dir nach einem ganzen Monat oder einer Woche dein Stimmungsbild, du kannst eventuelle Muster erkennen und im besten Fall aus ihnen ausbrechen.

Immer mittwochs ist deine Stimmung schlecht – an was liegt das? Die bestimmte Klasse mit dem bestimmten Schulkind? Schon alleine die tägliche Beschäftigung mit deiner Stimmung und der Frage danach kann helfen, diese zu verbessern. Wie häufig fragen wir andere, wie es ihnen geht, und wie oft fragen wir uns selbst?

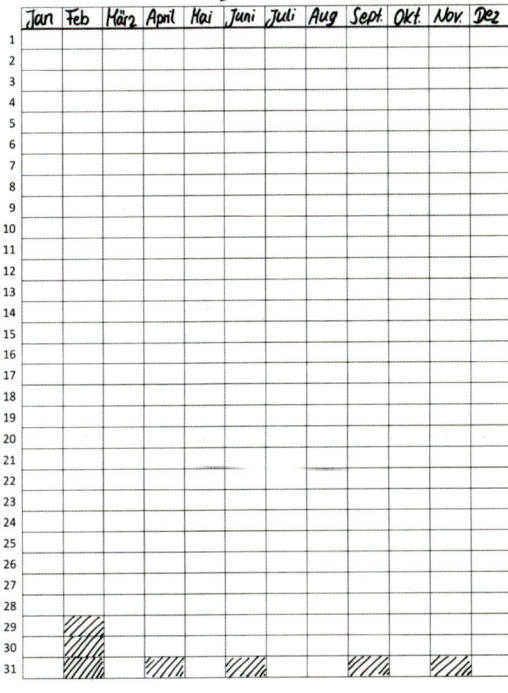

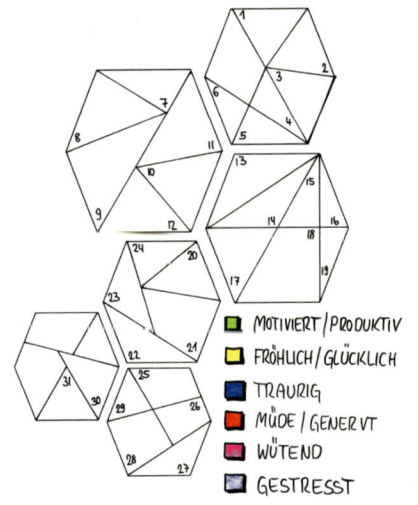

F. Falkenberg, S. Eberle: Bullet Journal für Lehrerinnen und Lehrer
© Auer Verlag

Workout Tracker

In einem Workout Tracker kannst du deine Bewegungseinheiten (z. B. Laufen, Fahrrad fahren, Krafttraining, Yoga ...) oder Schrittanzahl eintragen. Du hast damit einen besseren Überblick, was du tatsächlich für dich tust und kannst jeden Tag auf deine Erfolge stolz sein.

F. Falkenberg, S. Eberle: Bullet Journal für Lehrerinnen und Lehrer
© Auer Verlag

I AM WALKING   # MEDITATION

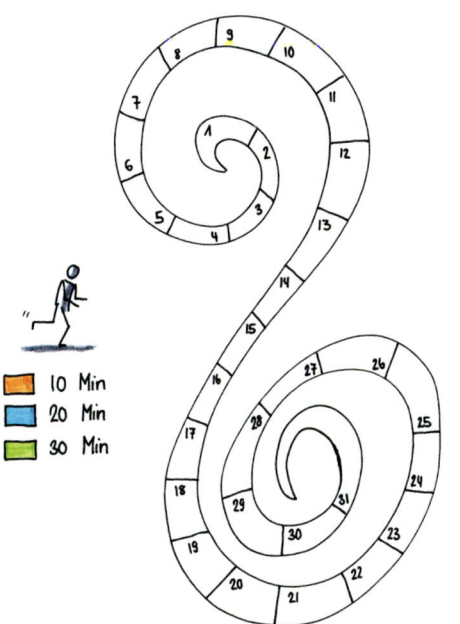

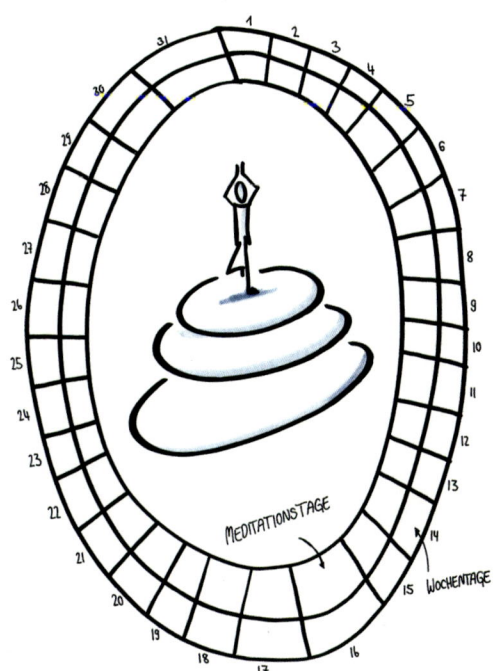

Weitere Beispiele

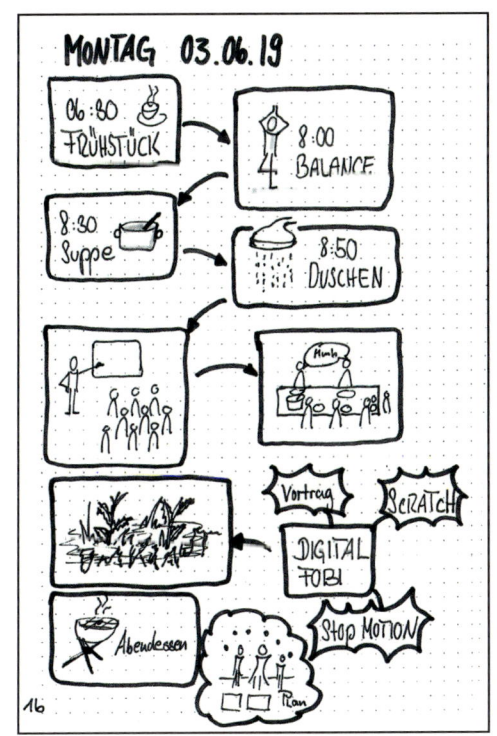

F. Falkenberg, S. Eberle: Bullet Jou˚nal für Lehrer:innen und Lehrer
© Auer Verlag

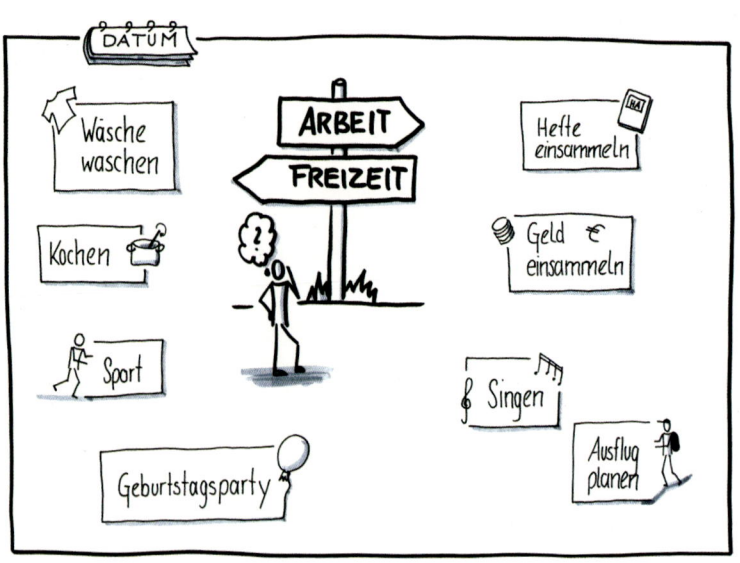

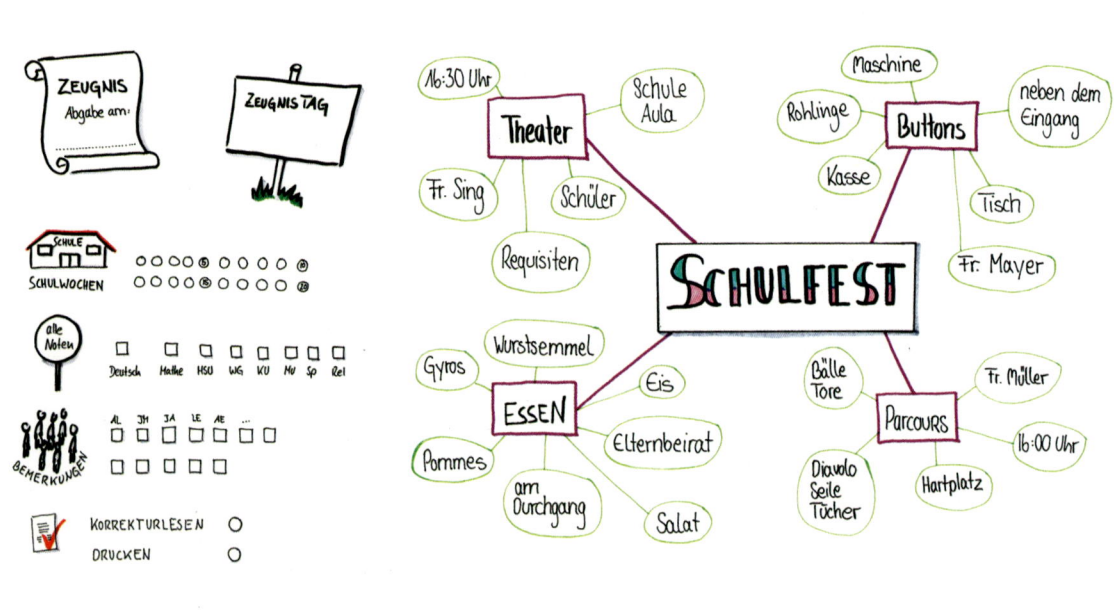

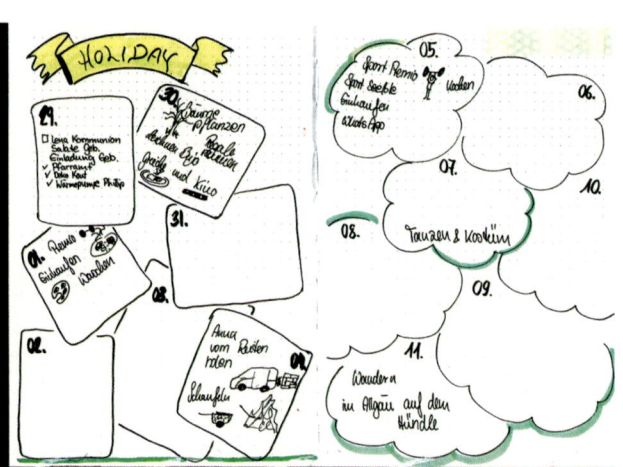

F. Falkenberg, S. Eberle: Bullet Journal für Lehrerinnen und Lehrer
© Auer Verlag

So gelingt die Selbstmotivation

Mit schön gestalteten Sprüchen motivierst du dich immer wieder selbst, wenn es mal wieder stressig ist.

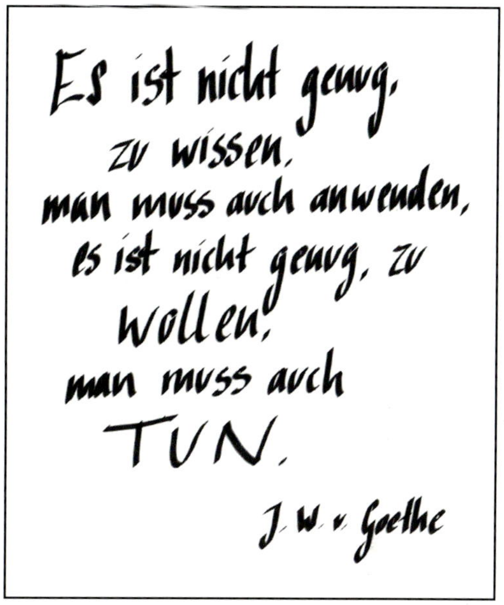

Es ist nicht genug,
zu wissen,
man muss auch anwenden,
es ist nicht genug, zu
wollen,
man muss auch
TUN.

J. W. v. Goethe

ES IST NICHT GENUG,
zu wissen,
MAN MUSS AUCH
anwenden,
es ist nicht genug, zu
WOLLEN,
man muss auch
TUN !

J. W. v. Goethe

Literatur

Carroll, Ryder: Die Bullet-Journal-Methode. Verstehe deine Vergangenheit, ordne deine Gegenwart, gestalte deine Zukunft, Rowohlt Taschenbuch, 5. Auflage, 2018.

F. Falkenberg, S. Eberle: Bullet Journal für Lehrer:innen und Lehrer
© Auer Verlag